数字工匠
标准研究报告

栗玉侠 周明星 季汉涛 ◎ 主编

光明日报出版社

图书在版编目（CIP）数据

数字工匠标准研究报告 / 栗玉侠，周明星，季汉涛主编． -- 北京：光明日报出版社，2025.2. -- ISBN 978-7-5194-8533-7

Ⅰ．G719.2

中国国家版本馆 CIP 数据核字第 20255JU998 号

数字工匠标准研究报告
SHUZI GONGJIANG BIAOZHUN YANJIU BAOGAO

主　　编：栗玉侠　周明星　季汉涛	
责任编辑：杨　娜	责任校对：杨　茹　李佳莹
封面设计：中联华文	责任印制：曹　净

出版发行：光明日报出版社

地　　址：北京市西城区永安路 106 号，100050

电　　话：010-63169890（咨询），010-63131930（邮购）

传　　真：010-63131930

网　　址：http://book.gmw.cn

E - mail：gmrbcbs@gmw.cn

法律顾问：北京市兰台律师事务所龚柳方律师

印　　刷：三河市华东印刷有限公司

装　　订：三河市华东印刷有限公司

本书如有破损、缺页、装订错误，请与本社联系调换，电话：010-63131930

开　　本：170mm×240mm	
字　　数：245 千字	印　　张：15
版　　次：2025 年 2 月第 1 版	印　　次：2025 年 2 月第 1 次印刷
书　　号：ISBN 978-7-5194-8533-7	
定　　价：78.00 元	

版权所有　　翻印必究

目 录
CONTENTS

第一章　研究概述 ………………………………………………………… 1
 第一节　研究背景及价值 ……………………………………………… 1
 第二节　研究文献回溯与评价 ………………………………………… 7
 第三节　研究目标与内容 ……………………………………………… 16
 第四节　研究思路与方法 ……………………………………………… 18
 第五节　研究过程与预期成果 ………………………………………… 20

第二章　数字工匠的内涵解析 …………………………………………… 24
 第一节　数字工匠的历史演进 ………………………………………… 24
 第二节　数字工匠的概念界说 ………………………………………… 30
 第三节　数字工匠的职业素质 ………………………………………… 39

第三章　数字工匠标准构建理念与原则 ………………………………… 50
 第一节　构建数字工匠标准的基本理念与原则 ……………………… 50
 第二节　数字工匠标准构建的国内外经验启示 ……………………… 55
 第三节　数字工匠标准制定的过程 …………………………………… 62

第四章　数字工匠标准体系 ……………………………………………… 64
 第一节　数字工匠标准体系内容架构 ………………………………… 64
 第二节　数字工匠标准体系 …………………………………………… 65
 第三节　标准体系构建特色分析 ……………………………………… 94

第四节　标准体系适用性分析 ……………………………… 96

第五章　高职院校数字工匠标准的实施路径 ……………………… 99
　　第一节　实施主体的价值认同 ……………………………… 99
　　第二节　人才培养方案的自主修订 ………………………… 104
　　第三节　人才培养课程体系的构建 ………………………… 111
　　第四节　校企双元实践平台的搭建 ………………………… 116
　　第五节　人才评价体系的新建 ……………………………… 121

第六章　研究结论与展望 …………………………………………… 129
　　第一节　研究结论 …………………………………………… 129
　　第二节　展望 ………………………………………………… 131

参考文献 …………………………………………………………… 133
附录1：信息与通信工程技术服务人员职业标准 ………………… 136
附录2：数字工匠现代通信技术国家职业标准 …………………… 157
附录3：数字工匠大师工作室建设指南 …………………………… 168
附录4：数字工匠教学标准 ………………………………………… 174
后　记 ……………………………………………………………… 233

第一章 研究概述

第一节 研究背景及价值

一、研究背景

数字技术的快速发展和数字经济的蓬勃兴起正在显著改变职业形态。这种变革的驱动力来自物联网、人工智能、虚拟现实等前沿技术的不断突破，这些技术使越来越多的传统行业能够开辟数字化的新领域。国家互联网信息办公室发布的《数字中国发展报告（2022年）》显示，我国的数字经济规模在2022年达到了惊人的50.2万亿元，稳居全球第二，同比名义增长10.3%，占国内生产总值的比重提升至41.5%。这意味着我国的数字经济增速已连续11年明显高于GDP的增速。在当代社会，数字技能不再仅仅用于解决日常工作中的问题，无论是在职业发展还是在日常生活中，全球各个领域都必须适应数字化环境，以提高工作效率、创新能力。

近年来，我国政府对数字经济的发展赋予了越来越高的重要性。从2017年首次提出"促进数字经济加快发展"开始，一系列政策文件和报告相继发布，强调数字经济的关键地位。2021年相继出台《数字经济及其核心产业统计分类（2021）》和《国务院关于印发"十四五"数字经济发展规划的通知》，明确数字经济在国家发展战略中的重要地位。特别值得注意的是，2022年党的二十大报告将中国式现代化作为中华民族伟大复兴的前提条件和战略基础，并将人才的现代化建设列为战略目标。这进一步凸显了数字经济在国家现代化进程中的关键角色。2023年，政府对数字经济的支持力度持续增加，反映了数字技能在当前国家战略中的重要性。这不仅有助于提高劳动力的数字素养和技能，还有助于应对数字经济的不断变化和竞争。政府明确将数字技能培养视为推动国家数字化进程的重要手段，将有助于更好地满足数字时代的需求，提高国家的数字化竞争力。这一政策信号还将对教育体系产生深远影响，鼓励学校和培训机构提供更多与数字技能相关的课程和培训。从教育的角度出发，将习近平新时代中国特色数字工匠与高校教育相结合，有助于传承数字时代的工匠精神，克服数字技能人才培养的瓶颈制约，推进数字经济的高质量发展。这项工作在理论上具有重要的教育意义。

综合考虑数据和政策两个关键层面，我们可以看到，对制定有关数字工匠及其相关技能标准的研究对我国至关重要，这有助于我们更深入地理解如何在我国的现有社会、经济和政治环境下更为有效地培养、评估和普及这一极为重要的数字技能。这一技能的重要性不仅限于个体的职业发展，它还直接关系到国家的竞争力、经济增长和社会数字化转型的全面推进。数字化改革在实现中国式现代化中扮演着关键角色，数字工匠作为数字化改革的关键力量，以数字知识和信息为生产资料，致力于提供数字产品和服务。与传统工匠不同，他们采用人机协同、延展认知和数字孪生等工作模式，为推动中国式现代化在数字化改革方面做出了巨大贡献。通过深入研究标准的制定，可以确保我国能够充分利用这一技能，满足日益增长的数字时代需求，为数字未来打下基础。

二、研究价值

随着5G、云计算、大数据、人工智能以及区块链、元宇宙等数字技术的广泛应用与不断发展，全球正在迅速迈入数字化发展的新阶段。仅以2021年为例，我国的数字经济规模已经达到45万亿元，占GDP的39.8%。在这个数字经济时代，数字技术已成为推动我国制造业"大国工匠"实现数字化转型的关键驱动力，这是融入新发展格局、推动数字经济高质量发展不可或缺的路径，因此，数字工匠标准的制定具有重要的理论和实践意义。

（一）理论价值

1. 数字工匠的社会价值

第一，技术创新和竞争力提升。数字工匠的技术创新和产品设计为企业提供了关键支持，有助于提高生产效率和产品质量。这不仅有利于提高企业的竞争力，还有助于创造更多的就业机会。通过数字工匠的努力，企业能够更好地适应技术变革，保持市场竞争力，为社会创造更多的价值。

第二，可持续发展和环保。数字工匠的工作不仅局限于提高生产效率，还可以帮助企业实现可持续发展目标。他们的技能可以应用于环保和资源管理方面，有助于降低能源消耗和减少废弃物的产生。这有助于减轻环境负担，促进可持续发展。

第三，社会稳定和就业机会。数字工匠的培养和发展为社会提供了更多的就业机会，从而降低了失业率和减少了社会不稳定因素。更多的就业机会有助于改善人民生活水平，减轻社会压力，提高社会稳定性。此外，数字工匠的培养也有助于补足技能短板，满足市场需求，推动就业市场的繁荣。

第四，国际合作与交流。数字工匠的知识和技能不仅在国内市场受欢迎，还在国际市场上具有竞争力。通过国际合作和交流，能够促进国际贸易和技术转移，增强国与国间的合作与友谊。数字工匠的跨国合作有助于促进国际社会的繁荣和发展，推动全球问题的解决。

总之，数字工匠的社会价值不仅体现在他们在技术创新和竞争力提升方面的贡献，还包括他们对可持续发展和环保的支持，以及他们为社会稳定和就业市场的繁荣做出的贡献。他们的国际合作和交流也有助于促进国际社会的发展和合作。数字工匠的存在和发展对社会具有重要价值。

2. 数字工匠的文化价值

第一，社会主义核心价值观的践行者。数字工匠坚守大国工匠的理想人格，体现了职业精神和社会主义核心价值观的高度一致性。他们以勤奋、创新和奉献精神为社会树立了榜样，有助于培育和践行社会主义核心价值观。数字工匠的工作不仅仅是为了个人发展，还关乎国家和社会的繁荣，他们的价值观对社会起到积极的示范作用。

第二，传统与现代的和谐融合。数字工匠继承了传统工匠的精神，如坚韧的品格、精湛的工艺和注重质量的态度。与此同时，他们也适应了现代科技的需求，掌握了数字化工具和技术。这种传统与现代的和谐融合有助于保护和传承我国的传统文化价值观。数字工匠以其工匠精神和创新能力，为传统文化注入现代活力，使之更好地适应现代社会的需求，实现文化的传承与发展。

第三，社会认可与鼓励。数字工匠的贡献受到社会的广泛认可与尊重，他们的奋斗故事可以激发其他人积极追求自己的事业目标。数字工匠的存在和成就为社会营造了一种鼓励卓越、勇攀高峰的氛围。这有助于培养更多人的工匠精神，鼓励人们追求卓越，推动社会的发展。

综上所述，数字工匠在文化领域中的价值体现在他们对社会主义核心价值观的践行、传统与现代文化的和谐融合以及社会认可与鼓励。他们的存在对社会文化的传承、发展和创新都产生着积极的影响。数字工匠不仅仅是技术的精湛者，还是文化的传承者和践行者。

（二）实践价值

1. 数字工匠的技术价值

第一，技术创新推动。数字工匠的技术知识和创新思维在数字技术领域有助于推动技术创新的加速发展。他们不仅能够熟练掌握已有的技术，还能够不断提出新的解决方案，改进现有技术，并应用新兴技术。这种创新精神有助于各行各业的技术进步，从而促进产业升级和创新的蓬勃发展。数字工匠的贡献在技术创新中具有不可替代的作用。

第二，生产效率提升。数字工匠的技术知识和技能有助于提高生产效率。通过数字化集成和自动化流程，他们能够减少人力资源浪费，降低生产成本，提高产品质量，从而提高企业的竞争力。数字工匠通过优化生产流程和采用高效的工具和技术，帮助企业实现更高的生产效益。

第三，企业数字化转型。数字工匠在推动企业数字化转型方面起到了关键作用。他们能够设计和实施数字化解决方案，包括物联网、云计算、大数据分析等。这有助于企业更好地适应数字时代的需求，提高运营效率，加强市场竞争力。数字工匠的技术专长为企业提供了关键的支持，使其能够应对不断变化的市场挑战。

第四，新技术应用研发。数字工匠是新技术和应用研发的推动力，他们能够利用最新的技术工具和资源来开发新的产品和服务。通过人工智能、机器学习和其他前沿技术，他们可以开发智能系统和应用，改善人们的生活质量，提高企业的市场地位。数字工匠的研发工作为社会带来了更多创新和便利，推动了科技领域的发展。

总之，数字工匠的技术价值不仅在于技术创新的推动，还包括提高生产效率、促进企业数字化转型和推动新技术应用研发等方面。他们在数字化时代的技术领域中扮演着不可或缺的角色，对社会和经济的可持续发展产生了积极的影响。

2. 数字工匠的经济价值

第一，创造高附加值产品和服务。数字工匠的执着、韧性和技艺使他们能够提供高质量、高附加值的产品和服务。为企业创造更多的利润和经济价值，高附加值产品和服务对经济增长至关重要。

第二，满足个性化需求。消费者对个性化和定制化产品需求的不断增加，数字工匠能够应对这一趋势。他们结合传统工艺和数字技术，为客户提供个性化定制的产品和解决方案。这不仅创造了更多的销售机会，争取了更多的市场份额，还满足了消费者的多样化需求。

第三，创新商业模式。数字工匠的创新精神推动了新的商业模式的出现。他们通过数字化集成和自动化生产流程，降低生产成本，提高生产效率，创造新的商业机会。这有助于企业在市场上保持竞争力，同时也为整个产业带来新的经济增长点。新的商业模式可以创造更多的就业机会，促进创业精神的培育。

第四，紧跟时代潮流。数字工匠能够时刻紧跟科技和市场潮流。他们不断学习和应用新的数字技术，以提高生产效率和产品质量。这使他们的产品和服务更具市场竞争力，有助于企业的持续增长和盈利。数字工匠的灵活性和适应能力使他们能够在不断变化的市场中立于不败之地。

第五，提高生产效率。数字工匠的技术熟练度和创新能力有助于提高生产效率。他们通过数字化工具和自动化流程降低生产成本，提高了企业的盈利能力。高效率的生产方式还有助于降低资源浪费和环境影响，有助于可持续发展。

总之，数字工匠的技术价值不仅在于提高产品质量和竞争力，还体现在满足个性化需求、创新商业模式、紧跟时代潮流和提高生产效率等方面。他们在数字时代的技术领域发挥着不可替代的作用，对社会和经济的可持续发展产生了积极的影响。

3. 数字工匠对就业市场的价值

第一，人工智能发展对工作性质的改变。D. Mindell（2015）探讨了人工智能时代"远程临场"对工作性质、人类角色以及人们对职业认同的改变。黄建认为人工智能对教育从业者的人机互动方式产生了新的挑战。

第二，人工智能对劳动者素质的要求。尤瓦尔·赫拉利（2017）认为，人类与人工智能合作是2050年就业市场的特点。祝黄河（2023）认为，人工智能时代，人机协作、智能共享正激发、唤醒更强大的人类潜能。胡景谱（2023）提出新时代数字工匠要掌握数字工具，具备数字思维，深谙数字集成，恪守数字伦理的基本素质。

第三，人工智能对就业市场的影响。David H. Autor（2015）认为人工智能会创造很多新的就业岗位，不会对就业市场产生很大的冲击。Manuel Trajtenberg（2018）认为人工智能作为一项通用技术，的确会对许多职业产生替代。蔡敏（2022）通过整理人工智能产业发展对就业影响的文献，将其总结为三种效应：替代效应、创造效应和跨期时间效应。

4. 数字工匠的个人价值

第一，理想人格的培养。数字工匠不仅是技术专家，还注重培养高尚的职业道德和理想人格。他们通过自身的榜样作用，激发了更多人对道德和价值观的重视。这有助于维护社会的道德秩序，推动社会和谐和进步。

第二，社会问题的解决。数字工匠能够通过数字技术解决社会问题，如医疗、教育、交通等。他们的贡献有助于改善社会问题，提高生活质量，同时为企业提供数字化转型的解决方案，促进经济创新和增长。

第三，数字素养的提升。数字工匠在普及和应用数字技术方面发挥积极作用。他们通过教育和培训帮助人们更好地理解和应用数字技术，提高了人们的数字素养水平。这有助于人们更好地适应数字时代的要求，促进数字化社会的发展。

第四，跨领域影响。数字工匠不仅在制造业中活跃，还在其他领域如科技、教育、媒体等有所贡献。他们的多领域影响力有助于促进各个领域的交流和创新，从而推动整个社会的进步。数字工匠的多领域影响有助于拓宽社会的发展视野，促进不同领域之间的合作和创新。

综合而言，数字工匠的个人价值不仅体现在其技术能力方面，还体现在其理想人格、社会问题解决、数字素养提升和跨领域影响等方面。他们在塑造社会价值观、解决社会问题和推动社会进步中发挥着重要作用。

第二节 研究文献回溯与评价

一、关于数字工匠内涵研究

数字工匠是一个新的职业劳动群体，他们与现代数字信息技术密切相关。他们在推动第四次工业革命不断深化发展中发挥着重要作用，是数字经济尤其是智能制造产业高质量发展的中流砥柱。数字工匠的内涵和结构因数字技术的异质性和产业发展需求的特殊性而有所不同。2020年丹麦政府在引留人才的政策中，将"数字人才"分为三种类型：数字通才、数字整合人才和数字专门人才。2016年，统计报告 Digital apprenticeships in the UK 中定义"数字学徒"为掌握数字技术的劳动力或者学徒。陈煜波（2022）从产品与服务价值链供应端的数字化转型角度出发，将数字人才分为六大类：数字战略管理人才、深度分析人才、产品研发人才、先进制造人才、数字化运营人才、数字营销人才。企业代表杨乔雅（2023）定义数字工匠为由工匠和数字化技术组合而成的，具有传统工匠的精湛技术又适应数字时代数字需求的技能型人才。薛新龙（2022）认为数字人才是数字经济发展的核心要素，马永青（2022）认为数字工匠能够破解数字产业化和产业数字化转型中数字技能人才的瓶颈。

国外研究表明，早在2018年，国际劳工组织就已经强调了数字技术对产业工人技能需求的变革。根据他们的观点，数字经济时代需要高素质技能人才，他们应该具备四个核心能力：熟练操作技能、创新思维、职业道德和现代数字技术的运用能力。这一观点有力凸显了数字人才的内涵特点，他们被定义为那些具备使用现有技术并适应不断变化能力的员工（Tunc and Aslan, 2020）。数字人才需要具备多方面的技能和数字专业知识，其中包括但不限于云计算、网络安全、物联网、机器学习、人工智能、大数据分析等。此外，还需要熟悉多媒体和动画、编程、网络管理、平面设计等领域。而且，数字人才还应了解数字通信、数字政策、数字创业、金融技术、区块链和商业智能等数字专业知识。这些技能和知识的掌握对于在数字时代成功应对各种挑战和机会至关重要（Wahyuningtyas et al., 2021）。数字能力是一个综合的概念，涵盖了对多种技能和通信技术的应用，但它强调的是对综合知识和态度的评估，特别关注软件信息技能。数字能力可以分为四个关键要素：基本技能、态度和观点、背景知识和核心能力。背景知识涉及对信息来源的了解，而核心能力或中心能力则构成了数字素养的核心部分（Lankshear and Knobel, 2008）。在数字工匠研究领域，学者们通常从具体的工程领域或产业发展领域来探讨数字工匠的专业技能结构和内涵。例如，Almurbati 等（2016）从空间建筑产业的角度认为，数字工匠不仅需要精通数字空间的谈判技能，更为重要的是掌握数字操作技能，如 3D 打印技术等数字制造技术。这些技能和知识在特定领域中的应用对数字工匠的研究至关重要。Denaro（2020）研究认为数字工匠是工业 4.0 发展下的产物，他们不仅能够担负起技术与产品之间的桥梁角色，同时他们也能凭借其工艺有效管理所有的生产阶段，而非一般的数字化人才。总的来说，国外学术界关于数字工匠的探索紧紧围绕数字产业发展对人才供给的需求而展开。

国内学术研究中，一些学者针对不同产业或领域，研究了数字工匠的能力需求和内涵结构，但总体来说，这一领域呈现出研究数量不足和研究内容各异的局面，尚未形成明显的学术共识和影响力。然而，与数字工匠相关的研究已经初具规模，尤其关于"数字人才"和"数字产业工人"的研究取得了一定进展，为进一步探讨数字工匠的内涵结构提供了理论指导。需要指出的是，数字人才的类型多样，因此不同领域和行业对数字人才的要求和内涵存在明显的差异。具体而言，在数字产业化和产业数字化领域，数字人才是指那些具备信息通信技术（Information and Communications Technology，ICT）专业技能的人才，同时也包括那些能够跨领域协同工作，以补充和扩展 ICT 专业技能的跨界人才。这种多样性反映了数字工匠不同领域和背景之间的差异性需求（王磊，苗春雨，2023）。同样，陈煜波（2023）认为，在实现"数实相融"的价值链转型过程中，数字人才发挥着关键的支持作用。他们不仅需要拥有 ICT 专业技能，还需要具备数字化素养，以及对传统行业和价值链的了解。这些不同类型的数字人才在推动"数实相融"时发挥着各自独特的作用。

从数字政府建设的角度来看，政务服务的普及性和"非外包性"特征赋予了数字人才特定的语境和含义。他们不仅仅是市场化的技术人才，而且是在特定政府背景下发挥作用的人才。这些数字人才在数字政府建设中具有特殊的内生作用，这一观点由王翔和余霄（2023）提出。在数字工匠的内涵研究领域，王伟平（2022）提出了智能制造产业对数字工匠创新能力的需求，这些需求可以分为三个主要维度，包括通用能力与基础技能、专业与核心制造能力，以及技术融合应用能力。周渐佳（2022）从技术哲学的具身性概念出发，强调数字工匠是工匠的本质与数字技术（新的生产工具）重新融合的产物。类似地，张文元等（2023）也强调数字工匠必须代表传统工业与数字技术的融合创新。通过对国内外关于数字人才和数字工匠内涵的系统性分析，可以清晰看到数字技术与工匠本体是塑造数字工匠的关键因素。进一步说，数字工匠与传统工匠并不是两个截然不同的劳动群体，而是处于一个连续的光谱上的不同位置。数字工匠既实现了对数字技术的融合和应用，也将传统工匠的职业精神和素质融入其中。因此，从这个角度来看，数字工匠的内涵是一个典型的复杂系统，包括了精神结构和技能要素等多方面因素。

二、关于数字工匠标准研究

一方面，它们促进了数字化制造的发展，为制造业的数字化转型提供了重要方向。这有助于制造企业更好地应对数字技术的变革，提高生产效率，降低成本，并提供更卓越的产品和服务。另一方面，数字工匠标准提高了生产效率和产品质量。它们为数字化制造提供了一致性的方法和最佳实践，帮助制造商降低生产中的错误和浪费，确保产品质量。目前，国内学术研究在数字工匠标准的领域尚未形成明确的学术共识或产生显著的影响。这可能是因为数字工匠标准相对较新，需要时间来深入研究和制定相关标准并建立相关的学术框架。此外，数字工匠标准涉及多个领域，包括工业制造、信息技术、数据安全等，需要跨学科研究和合作，以便更全面地理解其影响和应用。在机械设计与制造专业，柏洪武等人（2022）认为，数字工匠的标准需要满足培养模式构建的数字需求，围绕专业的数字化改革，加强虚拟空间和物理真实空间的连接，以课程内容与数字化技术的融合为主线，重构课程和教学过程，强化学生的数字化学习能力、数字化设计实践能力、数字化设计的创新能力，增强实践的相关性，聚焦能力进阶，构建数字工匠"学—做—创"人才培养模式。在建筑学领域，通过人机协作，以往以物体为中心、以作品为导向的工作模式发生根本性转变。

9

袁烽等人（2020）认为数字工匠的标准是参数化的设计与建造流程本身可以成为创作的源泉。对数字工具的应用也不仅仅局限于信息的整合，甚至直接延伸到建筑机器人的创造性工作。

工匠精神是传承和创新的有效途径。亚力克·福奇（Alec Foege）在《工匠精神：缔造伟大传奇的重要力量》中指出，与表面工匠不同，深层工匠更专注于思想创新，改变我们对事物的看法，而不仅仅关注传播自己的方法和成果。基于亚力克·福奇对工匠精神的研究标准定义，宋嘉庚和刘大年认为，无论是数字编辑还是传统编辑都属于"深度工匠"。因为编辑所提供的作品必定具备某种程度的能力，可以改变读者的思考方式，将其视作思想工具的提供者。当我们思考编辑的角色时，可以看到时代为编辑提供了丰富的思想来源，而编辑团队通过传承这些思想源泉来实现创新。因此，编辑既继承传统，又积极推动创新，这种连接传统与创新的精神力量正是深度工匠精神的体现。吴廖（2016）认为，培养数字时代先行者——数字工匠不同于传统工业时代的工业工匠，更不同于农耕时代的工纺工匠。他们不是普通工人，也不是科学家，更难以独自做出发明创造。但是他们是数字时代的先行者，正通过自身所具备的数字化技术和团队互联协作力量，成为传统工业与互联网融合创新的产业转型升级的基础支撑。王伟平认为智能制造行业数字工匠的标准具有三维数字化创新能力的需求，主要包括通用能力与基础技能、专业与核心制造能力、技术融合应用能力。通用能力与基础技能是指数字工匠需要更强的应变能力，积极、灵活地操作数字化设备来完成相关生产制造工作。此外，他们必须掌握基础技能，包括熟练使用计算机程序进行设计和建模，以及熟练运用软件工程专业知识来进行软件开发和办公自动化。专业与核心制造能力是指数字工匠需要具备强大的专业和核心制造能力，包括熟练使用C#和Java等编程语言，以及熟练操作工业化图形操作类软件，如Office办公软件、CAD制图软件、MES系统等。对于那些在智能制造企业担任核心岗位或一线技术岗位的人员，除了以上所述的能力外，还应主动学习工业化软件，如Flash、Solid Works、Photoshop、3D Max、Dreamweaver等，以提高其综合能力。技术融合应用能力是指数字工匠应当具备一定的全局意识，能够站在产业发展前沿角度，融合多种数字化与智能化技术，统筹生产制造工作。高凤燕等（2019）对"数字界面设计"课程评价体系标准进行了修订，在前期模块化教学模式改革的基础上，基于建构主义认知理论，对评价内容、评价方式、评价主体、评价标准进行了"四位一体"的课程评价体系标准改革。张荣凡（2023）则认为，数字工匠的标准要求他们是多才多艺的创新人才，具备广泛的知识领域，包括技术、管理、理论和产业政策等。他们应该具备出色的实践技能和管理能力，这与我国对高技能人才的需求高度契合。高技能人才不仅需具备坚实的理论知识，还需注重卓越的实际操作技巧，能够在生产过程中有效沟通与合作，解决现实问题。他们的特点包括善于手脑并用，具备丰富的实践经验，以及强大的创新能力。

赵乾的研究强调了数字经济条件下工匠培育的法治路径标准，这一发现有助于在法律层面对数字工匠进行研究，他认为，工匠的培育不可避免地牵涉劳动法律法规和地方劳动政策的保障和规范问题。简而言之，劳动法律法规以及各地的劳动政策必须能够适应数字经济条件下工匠培育的实际需求，并且细分了四个标准：必须有助于提升新就业形态劳动者的整体素质，必须有助于优化新就业形态劳动力资源的配置，必须有助于降低劳动力资源成本，以及必须有助于提供托底性民生保障。必须有助于提升新就业形态劳动者的整体素质是指，政策制定者需要建立具有强制性和指导性的制度，如规定必须经过正规的职业培训才能获得上岗证书。这将显著提高劳动者个体的竞争力和群体的综合素质，有助于缓解劳动力市场中高端需求与中低端供给之间的矛盾。在人口红利逐渐减弱的大背景下，这样的政策将巩固劳动力资源的基础，为大规模培育工匠提供必要的支持。必须有助于优化新就业形态劳动力资源的配置是指，工匠的培育需要劳动政策的进一步优化。这包括在本地新就业形态领域内更有效地配置劳动力资源，以促进劳动力在城乡、行业和平台企业之间的自由流动。同时，要强调劳资自主协商的重要性，鼓励平台企业和劳动者进行自主协商以改进劳动关系，并不断提高新就业形态领域内的劳资自治水平（林嘉，2016）。必须有助于降低劳动力资源成本是指，相关劳动政策应该降低平台企业的劳动力资源成本，以帮助他们应对经济挑战，从而不断激发他们参与工匠培育的积极性。必须有助于提供托底性民生保障是指，非传统经济形态，如数字经济，能够健康持续发展，但这需要满足基本的民生保障要求。此外，劳动者是否愿意和有足够精力参与工匠培育，这需要在社会政策的支持下解决其后顾之忧，因此需要健全的社会政策来提供保障。

总的来说，数字工匠标准研究是一项至关重要的工作，旨在明确定义数字时代劳动力的要求和培训方向。这包括确定他们需要掌握的核心技术和工具，如编程语言、软件应用和数据分析能力，同时也强调了软技能，如解决问题的能力、沟通技巧、创新思维和团队协作。这一研究还需要制订全面的培训计划，涉及与教育机构的合作，以确保数字工匠标准能够有效传达和培养，为他们提供职业发展路径，并满足数字经济和科技行业迅速变化的需求。这将有助于确保劳动力在数字化时代具备其所需的技能和素质，以推动经济和社会的发展。当前，数字工匠标准研究的领域尚未受到足够的关注和研究。随着数字化技术的快速发展，工业与职业需求的日益变化，这一领域的研究变得至关重要。我们需要深入了解对数字工匠的要求，包括技术、软技能和培训路径等方面，以确保劳动力能够适应数字时代的挑战。这一研究不仅有助于提高劳动力素质，也将为数字经济的发展和工匠培育提供坚实的基础，推动社会与经济的进步。因此，我们迫切需要加强对数字工匠标准的研究，以满足当今快速变化的工作环境的需求。

三、关于数字工匠培养研究

工匠的培养是一个系统而深入的过程，起始于扎实的基础教育，包括理工科学士学位或专业技术学校的培训，为其奠定理论知识和技能基础。随后，通过专业的技能培训，工匠获得了在实际工作中所需的具体技能和工艺，这可能通过专业技术学校、培训中心或公司内部的课程得以实现。学徒制度也是培养工匠的关键环节，学员在经验丰富的师傅的指导下，通过实际工作逐步掌握操作技能并培育工程实践能力。然而，成为杰出的工匠需要不断的实践经验，参与实际项目、解决实际问题，使其技能逐渐达到熟练水平。工匠同时具备强烈的学习意愿，不断更新自己的知识，关注行业趋势，保持对新技术的敏感性。最终，工匠的培养不仅注重技术层面，更注重质量意识的培养，他们追求卓越，注重细节，为自身的工艺品质不懈追求。在 20 世纪初期，科学管理（以泰勒为代表）的出现改变了工作方式。工人的技术操作被转化为可复制的技能，工人需要按照规程进行工作，接受相应的技能培训并获得对应的报酬，强调团队协作以应对大规模生产和连续作业。同时，工匠精神也受到科学、标准和制度规范的影响，要求工人值守岗位，尽责尽职，并具备高超的技术能力。师徒制也逐渐演变为具有新制度特色的形式，代际传承由个人控制变成了企业组织的自觉行为。随着工业化的推进，新的工匠精神构成了当时个体和组织行为的指南。现代产业对数字工匠的需求迫切，制造业需要数字工匠来推动数字化制造、智能制造和工业4.0的发展。2016年至今，欧盟密集出台《欧洲新技能议程》《数字教育行动计划（2021—2027）》等系列文件，不断加大对数字教育的投入力度；2019年特朗普签署的《维护美国人工智能领导力的行政命令》中，鼓励将人工智能技术纳入教学计划和课程体系，通过正式和非正式教育培养人工智能人才；日本2017年和2019年分别发布《人工智能技术战略》和《人工智能战略2019》，通过产学研，重点部署和实施人才、研发和社会应用战略及措施。我国2021年《提升全民数字素养与技能行动纲要》中提到完善数字技能职业教育，加强职业院校数字技能类人才培养，从专业目录、课程、教师队伍几方面加强对数字人才的培养。2021年人力资源和社会保障部办公厅印发《专业技术人才知识更新工程数字技术工程师培育项目实施办法》，部署实施数字技术工程师培育项目，加强新职业培训工作。胡景谱（2023）通过数字职业标准体系、数字化人才培养平台、数字职业伦理机制三方面去实现数字工匠角色定位。

国内学术研究中，一些学者针对不同产业或领域，研究了数字工匠的能力需求和培养方法，因研究内容多种多样，尚未形成明确的学术共识或产生显著的影响。李淑玲的研究将工匠分为四级，这样将更有利于产业工人技能提升和人才梯队建设。第一层是普通工人；第二层是独当一面的技术工人；第三层是有丰富经验的、技艺纯熟的，能担起带徒育人责任的高技术等级的巧匠；第四层是大工匠，也即大师级的工匠，他们富有职业精神，是组织中的技术高手乃至行业的领军人物，具有很强的引领示范作用。她认为，这里第三、第四层级的工匠，是需要重点研究的群体，也是人力资源开发要着重培养的。但该研究仅对"工匠"的培养研究进行说明，没有对数字工匠的培养研究标准进行定义。关于数字工匠的培养研究，相关的政策对其进行了要求。新时代高技能人才队伍建设的指导性文件，《关于加强新时代高技能人才队伍建设的意见》（以下简称《意见》）指出，我国产业发展实践证明，产业发展依靠人才，抓产业必须抓人才。产业数字化、数字产业化对技能人才的能力提出了更高要求，既要掌握生产运营技术，又要掌握人工智能、大数据等数字技术，还要兼具工匠精神。这就要求我们加强前瞻性布局，培养更多具有复合能力的数字工匠，加强紧缺高技能人才的培养，特别是围绕网络强国和数字中国的发展。具体措施：建立数字技能人才培养试验区，设立数字素养与技能提升培训基地，组织全民数字素养与技能提升活动，以及促进数字教育培训资源的共享行动。这些措施将有助于显著提升数字化高技能人才的水平，深化数字工匠培养，并为数字经济的发展创造新的竞争优势。

值得一提的是，高等教育机构在数字工匠培养方面扮演了重要的角色。《意见》提出了职业学校在培养高技能人才方面的基础性作用，并倡导在技工院校中广泛推行工学一体化的技能人才培养模式。为此，人社部于2022年7月设立了"技工教育和职业培训教学指导委员会"，并成立了"工业互联网与物联网专业群分委员会"，以深入推进工学一体化改革，为数字工匠培养提供积极引导。中国工业互联网研究院，作为工业互联网领域的国家科研机构，也在数字工匠培养方面发挥了积极作用。他们牵头建设了多个工业互联网产业人才培养基地，针对不同地区和行业的产业数字化需求，开展了人才培训、评价和认证等工作。这些举措推动了产业链、创新链和人才链的紧密融合，为推进区域和行业的工业互联网创新发展提供了有力支持。在创建数字工匠的职业成长途径方面，体制的灵活性和机制的活跃性将极大地吸引人才，从而促进事业的繁荣。建设新时代高技能人才队伍不仅要关注人才培养，更要关注如何有效利用人才。《意见》的提议，建立了技能人才职业技能等级制度和多元化评价机制，这有助于扩大技能人才的职业发展途径。这一举措还完善了职业标准体系和评价制度，推动职业技能等级的认定。重点是消除高技能人才队伍建设中的机制障碍，激发高技能人才的活力，鼓励才智的全面迸发。技能竞赛是衡量和激励高技能人才的重要方式。《意见》提出了完善的职业技能竞赛体系，以世界技能大赛为引领，以全国职业技能大赛为核心，涵盖了全国各级职业技能竞赛以及企业和院校内的职业技能比赛。这一体系为高技能人才提供了展示自己技能的广阔舞台，也为他们提供了相互切磋技艺的机会。目前，工业互联网领域的技能竞赛正在逐渐展开并已取得积极成果。未来，有望在相关职业技能大赛中增设数字行业特色竞技项目，采用"赛展演会"结合的举办模式，以便为数字工匠提供更广泛的展示机会和相互交流平台，展现新时代数字工匠的卓越技能和风采。

需要指出的是，数字人才的类型多样，因此不同领域和行业对数字人才的培养存在明显的差异。具体而言，王克祥等（2019）认为，在数字媒体艺术专业，在"双创"背景下培养出具有信息时代工匠精神的数字媒体艺术专业人才，在工匠精神基础上进行创新人才培养，将"双创"人才培养模式引进数字媒体艺术专业，才能有效全面地解决高校数字媒体艺术人才未来发展可持续性问题。王洪艳（2023）认为，高职院校要制订数字工匠培养模式和培养方案，建立"数字工坊"，产教融合对接培养，完善信息化教学平台，创办数字工匠孵化基地，促使职业教育与企业用人需求加速对接，为国家培养时代所需工匠。孙圣勇（2022）根据饲料行业的发展概况，提出饲料行业数字贸易人才要好好学习、脚踏实地，要静下心来学深悟通数字贸易专业理论，不断增强社会责任感、饲料企业使命感和数字贸易岗位事业心。2023年，有研究者对习近平新时代中国特色数字工匠的培养进行了详细的论述，胡景谱、陈凡罗（2023）认为数字工匠的培养需要满足四个角色规范：其一，建立健全数字职业标准体系，建构数字工匠角色规范。将数字专业学历教育人才培养方案与国家数字职业标准规范深度对接，在培育数字工匠的过程中，参照数字工匠职业认证标准设置相应指标，实现对职业认证标准的内容解释和教学支持。其二，加强数字化人才培养平台建设，提升数字工匠角色效能。首先，工信部等主管部门积极创建数字行业的数字交流平台，发布招商服务、技术攻关、项目合作信息，以及数字技能紧缺人才清单和引进政策，以促进数字从业人员的技术交流和互助。其次，积极建设数字工匠工作室和创新发展工作室等，激发数字工匠比学赶超的学习热情。最后，通过产业引导和产教融合等方式，建立合作关系，构建数字工匠的生态系统。其三，完善数字职业伦理约束机制，规约数字工匠角色实践。数字工匠不仅需要在数字技术方面具备高超的技能，还需要在新时代的道德准则下实践"数字向善"。为了应对数字产业发展中出现的伦理问题，需要优化数字从业人员的伦理观念和规则，对他们的角色和实践行为进行规范。其四，构建数字劳动多元化评价指标，保障数字工匠角色权益。为提高数字劳动效率和促进数字产业高质量发展，必须保障数字工匠的角色权益并建立和谐劳动关系。为实现这一目标，需要建立和不断完善评价数字工匠从事数字劳动的科学、多维度评价指标。此外，国内其他研究对数字工匠的培养也做出了不同要求标准，朱露（2023）等人认为，应强调数字学科的科研和教育质量，定期审查和评估相关专业及学生的表现，提交基于职业认证标准的教学审查报告，建立符合职业认证标准的毕业要求监测体系。尚文杰（2023）在研究中指出，为培养数字工匠，需要将古代工匠工艺传承与新时代中国特色社会主义现代化建设要求相结合。可以通过革新"师徒制"，引入新时代校企联合培养模式，实行"双师制"。同时，可以探索并实施"中国特色学徒制"，允许企业参与教学并将教学融入企业环境，吸引数字行业领军企业参与数字技能人才项目，这些项目可以根据不同类别和群体的需求，实施差异化培训计划，最终培养出数字工匠的"名师"和"高徒"。李晓娟和王屹（2023）在针对有数字素养的职业教师培养中指出，技术赋能职业院校教师数字工匠的培养依靠四点实现：其一，教师作为学生培养的直接承载者，需要具备数字工匠培养意识，理解数字技术融入职业教育所带来的职业教育内涵的变化，并将其体现在日常的创新教学模式和提升职业教育质量当中，主动适应数字化变革，以做好数字工匠的培养者为己任，如此才能满足学生的根本需求。其二，教师需熟悉多模态教学基本概念和理论，掌握数字化教学资源和工具的操作，与同事和企业合作，使用虚拟仿真资源支持实践教学，将信息技术融入职业教育，提高教学质量。其三，教师需树立大数据主导的课堂管理与评价的理念和意识，拥有利用数字技术进行课堂管理与评价的能力，掌握数字化管理与评价的方法和模式等，以服务于教学，满足学生发展需要。其四，教师可以开发新型数字教材，结合纸质和数字媒体、线上和线下的优势，同时提供沉浸式虚拟仿真实训资源，以满足学生的实际需求。

第三节 研究目标与内容

一、研究目标

本书研究的主要目标在于深入综合分析不同职业领域中数字工匠的核心能力和技能需求，以满足当代产业的高度数字化要求。为实现这一目标，研究将采用多维度的方法，例如，调查数字技术在各种职业教育课程中的应用情况，包括教材、教学方法和实践训练。我们还将研究如何整合数字工匠培养标准与职业教育课程，以确保学生获得与实际职场相关的技能。此外，本书旨在深入了解职业学院数字工匠培训的现状和未来发展趋势，这将包括对师资队伍的状况、设施设备的水平以及合作机会的探讨。我们将通过系统调查和分析，为职业学院提供明晰的发展方向和提升建议，以使其能够更好地满足学生和产业界的需求。

另一个重要方面是国际比较，通过研究其他国家和地区在数字化教育方面的最佳实践，我们可以为制定标准提供有力的参考。通过比较和分析不同国家的经验，我们可以借鉴并吸收最有效的教育方法和培训模式，以不断提升我们的数字工匠培养标准。最终，通过收集学生和企业的反馈，确保标准能够满足各方的期望和需求，我们的目标是编制详尽的数字工匠培养标准，以使职业学院能够为学生提供高质量的职业教育，使他们更好地适应数字化时代的职场要求。这一标准的制定将有助于提高职业学院的教学质量，增强学生的就业竞争力，并促进数字化时代的产业发展。

二、研究内容

（一）第一章——研究概述

详细介绍研究数字工匠这一主题的重要性，包括当前社会和经济环境中对数字技能的需求。介绍研究的背景，如数字经济的崛起、技术发展趋势等。提供相关文献的深入回顾，包括以前的研究和标准，以显示研究的独特性。

（二）第二章——数字工匠的内涵解读

深入探讨数字工匠的发展历程，重点描述关键事件和里程碑。对数字工匠的概念界定进行详细讨论，包括其职业特点和定义，以及其在不同领域中的应用。

列举数字工匠的典型特征和所需的技能，包括技术技能、创新能力、团队协作等方面。

（三）第三章——数字工匠标准构建理念与原则

具体解释构建数字工匠标准的背后理念，包括推动数字化技能的普及，促进行业升级等方面的原则。对国内外相关经验的启示。可深入介绍其他国家或地区制定数字工匠标准的经验，以及这些标准的影响。详细描述标准制定的过程，包括参与者、方法和时间表，以确保透明性和可复制性。

（四）第四章——数字工匠标准体系

对标准体系的内容框架进行深入探讨，包括各个标准的具体要求和指南。

分析标准体系的特色，如与其他行业标准的对比，以凸显数字工匠标准的独特性。探讨标准体系的适用性，即该标准如何适用于不同领域和行业。

（五）第五章——高职院校数字工匠标准的实施路径

深入讨论实施路径，包括高职院校如何引入数字工匠标准，以及如何将标准融入教育体系。描述实施主体的价值认同，包括高校领导、教师和学生的角色和支持。解释课程体系构建，包括如何调整和设计课程，以满足数字工匠标准的要求。探讨校企双元实践平台的建设，说明行业和企业的合作关系。详细介绍人才评价体系的建立，包括如何评估学生是否达到了数字工匠标准的要求等。

（六）第六章——研究结论与展望

总结研究的主要发现和结论，强调数字工匠标准的重要性和实施路径。展望未来可能的发展方向，包括研究继续的方向、政策推动和实践应用。

第四节　研究思路与方法

一、研究思路

本书研究遵循明确的研究脉络，具体包括"价值界定—文献回顾—内涵解读—标准构建—实施路径"这五个关键步骤。首先，在研究概述部分，着重介绍了整个研究的背景和价值。这包括了研究的理论和实践价值，以及对相关文献的回溯与评价。我们也明确了研究的目标、内容、思路、方法以及预期成果。这一部分为后续研究提供了坚实的基础，确保研究在有明确方向的前提下展开。其次，深入探讨了数字工匠的内涵，这是研究的第二部分。详细解读了数字工匠的起源和发展、概念的具体界定、数字工匠所需的人才特征以及职业要求。这一部分，为读者提供了深入了解数字工匠概念及其要求的机会，同时也为后续的标准构建和实施路径提供了必要的背景信息。最后，聚焦于数字工匠标准的构建和实施路径。这一部分探讨了构建这些标准的基本理念和原则，以及从国内外获得的经验启示。然后，详细介绍了标准的具体内容框架，包括职业道德、数字素养、数字能力和数字实践等要素。同时研究了数字工匠标准体系的特色并进行了适用性分析，探讨了高职院校实施这些标准的路径，包括实施主体的认同、人才培养方案的修订、课程体系的构建、校企双元实践平台的建设和人才评价体系的建立。这一部分提供了一种操作性的框架，帮助高职院校更好地应用数字工匠标准，并为未来的研究和实践提供了有益的展望。

二、研究方法

（一）文献分析法

文献分析法在本书研究中具有关键作用，因为它为我们提供了有关"数字工匠标准"的重要背景信息和理论基础。尽管"数字工匠标准"是一个相对前沿的研究领域，但在广泛的数字化技能人才领域已经存在大量有关研究。因此，文献梳理对于本书的理论范畴搭建和研究方向的明晰具有重要价值。通过对国内外知名文献数据库如中国知网（CNKI）、万方、EBSCO、Web of Science（SCIE、SSCI）等的综合利用，笔者对关于数字工匠标准的相关文献进行系统整理、归纳和综合分析。这一过程使我们能够在广泛的文献资源中找到与研究主题直接相关的内容，包括有关数字化技能人才、职业标准等领域的文献。通过梳理这些文献，我们能够更好地理解数字工匠标准的背景、演变历程和相关概念。除了整理文献，笔者还利用文献分析来对各种研究视角和观点进行分类和介绍。这有助于我们更好地理清当前研究领域中的不足和缺陷，识别出已有研究中的知识空白和争议点。通过这一过程，我们能够明晰本书的研究方向，并从已有研究中汲取有益的经验和观点，以指导本书的理论构建和方法选择。

（二）实证研究法

实证研究方法是一种定量研究方法，通过采集大量数据和运用统计分析工具来得出科学、客观的结论。在数字工匠标准体系的建构和评价中，这一方法的选择是基于其能够提供详尽的信息、验证研究假设，以及检验当前数字工匠教育质量的发展。我们将收集大量相关数据，包括学生的学习成绩、教师的教学效果评估、校企合作的数据，以及学生的满意度反馈等。第五章校企研究属于实证分析。实证分析的主要优势为数据采集的广泛性。实证研究方法将帮助我们采集广泛的数据，包括学生的学术表现、教师的教育效果、校企合作的成果以及学生的反馈。这些数据将为我们提供深入了解数字工匠标准体系的各方面，从而更好地评估其有效性和质量。首先，假设验证。实证研究方法允许验证研究假设，以确定数字工匠标准体系是否实际产生了期望的结果。通过采集和分析大量的数据，可以得出科学、客观的结论，以验证研究中提出的假设。其次，质量评估。实证研究方法有助于对数字工匠标准体系的质量进行全面评估。可以利用定量数据来量化各个方面的表现，如学生的学术成绩和校企合作项目的效果。这些数据将为笔者提供关于标准体系质量的客观评估。再次，框架完善。通过实证研究方法，笔者将不断完善数字工匠标准体系。根据实际数据和结果，可以调整标准体系的构建，以确保其更好地满足职业需求和市场要求。最后，深入洞察。实证研究方法还可以帮助我们深入了解数字工匠标准体系的各方面，分析校企合作的实际情况，包括项目数量、效果和质量，更全面地了解校企合作在数字工匠培养中的作用和贡献。

第五节　研究过程与预期成果

在这一阶段，将深入探讨数字工匠的研究过程，按照每一章节的顺序，分为以下几方面。

一、第二章　数字工匠的内涵解读

（一）数字工匠的产生与发展

数字工匠的产生与发展一直是数字化社会和产业发展的重要组成部分。这一领域的追溯研究可以揭示数字工匠如何从数字化技术的早期崭露头角逐渐演化成今天的关键职业。通过探讨技术演进、社会需求的驱动、教育培训的作用、个人和组织的转型等多个维度，笔者预期通过这一章的研究，更全面地理解数字工匠的兴起，以及他们如何适应数字化社会和产业的快速发展。这一历史回顾有助于揭开数字工匠背后的故事，描绘出数字技术与职业发展之间的紧密联系。

（二）数字工匠的概念界定

通过对国内外相关文献的仔细分析，笔者将为数字工匠提供一份清晰而全面的概念界定。这包括了对数字工匠的关键职责、技能要求以及特点等方面的详尽描述。研究将有助于建立一个权威性的概念定义,使人们能够更好地理解数字工匠的本质和职业角色。这一定义不仅将有助于学术界对数字工匠的研究和探讨,还将为实际职业发展和培训提供有用的指导和框架。

(三) 数字工匠的人才特征

通过深入的研究和专家访谈,笔者将详细界定数字工匠所需的关键人才特征,包括对技能、素养和态度等方面的要求。这将有助于明确数字工匠的职业要求,并为未来数字工匠培训和招聘提供基础。研究不仅将有助于培养更符合市场需求的数字工匠,还将为相关教育和培训机构提供有用的指导和方向。

(四) 数字工匠的职业要求

笔者将深入分析各个行业对数字工匠的需求和职业要求,以建立数字工匠职业要求的详尽清单。这一清单将为学生提供明确的职业发展方向和目标,帮助他们更好地规划自己的教育和职业路径。同时,这些详细的职业要求也将为雇主提供明确的招聘标准,帮助他们更精准地招聘和培养适应数字工匠职位的人才。明确定义数字工匠的职业要求,将有助于建立一个更有效的数字工匠职业体系,提高数字工匠的职业质量和竞争力。这也将促进数字工匠与各行各业更好地对接,实现人才供需的精准匹配。

二、第三章 数字工匠标准构建理念与原则

(一) 构建数字工匠标准的基本理念与原则

笔者将明确构建数字工匠标准的核心理念和原则,以确保标准的合理性和适用性。笔者的预期结果将为数字工匠标准的开发提供指导。

(二) 数字工匠标准构建的国内外经验启示

通过比较国内外相关标准和经验,笔者将汲取经验教训,为数字工匠标准的制定提供宝贵的经验。笔者将为中国数字工匠标准的制定提供国际视野和实践参考。

(三) 数字工匠标准制定的过程

笔者将详细介绍数字工匠标准的制定过程,包括利益相关者的参与、标准的审查和改进。笔者的预期结果将为标准的透明性和可持续性提供支持。

三、第四章 数字工匠标准体系

（一）标准体系的内容框架

笔者将建立数字工匠标准体系的内容框架，以确保标准的全面性。笔者的预期结果将为标准体系的设计提供指导。

（二）标准体系

笔者将详细介绍标准体系的具体构成，包括职业道德、数字素养、数字能力和数字实践。笔者将分析这些要素的关系和互补性，以确保标准的一致性和完整性。

（三）标准体系构建特色分析

笔者将突出标准体系的独特特色，以说明中国数字工匠标准的创新性和前瞻性。笔者预期将为数字工匠培养提供创新思路和方法。

（四）标准体系适用性分析

笔者将分析标准体系的适用性，特别是在不同行业和领域中的适用性。笔者的预期结果将为标准的广泛应用提供支持。

四、第五章 高职院校数字工匠标准的实施路径

（一）实施主体的价值认同

在这一阶段，笔者将研究高职院校数字工匠标准的实施过程，关注实施主体的价值认同。通过深入访谈和调查，笔者将了解高职院校领导、教师、学生和行业合作伙伴对数字工匠标准的看法和态度。笔者预期将揭示价值认同在标准实施中的重要性，以及如何建立共识和动力。

（二）人才培养方案的自主修订

笔者将研究高职院校如何自主修订现有的人才培养方案，以适应数字工匠标准的要求。通过实地考察和分析，了解课程设计、教学方法和评估方式的变化。预期结果将包括成功的案例研究和指导性建议，以帮助其他高职院校进行相似的修订。

（三）人才培养课程体系的构建

将研究高职院校如何构建适应数字工匠标准的人才培养课程体系。通过

分析不同学科和领域的课程内容和结构，提供一个全面的课程设计模型，以满足数字工匠培养的需求，为其他高职院校提供参考和借鉴。

（四）校企双元实践平台的搭建

在研究中，将详细探究高职院校如何建立校企双元实践平台，以为学生提供与实际工作环境的接触和经验。通过深入的案例研究和实地考察，分析成功的校企合作模式，包括但不限于实习项目、学生参与的实际工程项目合作以及产学研合作等。这将有助于笔者理解各种校企合作模式的实际运作情况，为其他高职院校建立类似的校企双元实践平台提供有力的指导和借鉴。通过分享成功的案例和最佳实践，可以促进更多高职院校与企业之间的深度合作，提高学生在实际工作场景中的技能和素养，从而更好地满足市场的需求，营造促进产业升级和人才培养的双赢局面。这也将有助于推动数字工匠标准体系的全面实施，确保数字工匠的培养与市场需求更加贴合，从而提高数字工匠的就业竞争力和社会贡献度。

（五）人才评价体系的新建

笔者将研究高职院校如何建立新的人才评价体系，以反映数字工匠标准的要求。通过分析不同评估方法和工具，提供一个全面的评价框架，以确保学生毕业后的综合能力得到充分评价，为其他高职院校提供人才评价的最佳实践示范。

第二章　数字工匠的内涵解析

数字时代下，数字技术更新迭代不断加快，数字成果影响融入人们的工作生活，能够熟练掌握运用数字技术的人才的重要性日益凸显。发展带来变化，生产生活方式在改变，适应生产生活方式变化的工匠人才也发生着深刻变化。为了衡量与评价什么样的工匠才是适应数字时代迅猛变化的数字工匠，必须建立数字工匠的标准体系。而建立数字工匠的标准体系，必须回应"数字工匠是什么""数字工匠从何来""数字工匠应是什么样"等一系列关于数字工匠的内涵本体性问题。回应"数字工匠是什么"指向数字工匠标准研究的研究对象，是研究的起点；回应"数字工匠从何来"构建历史坐标的同时渗入世界视野，形成研究数字工匠的全景性坐标；回应"数字工匠应是什么样"指向数字工匠的应然状态，为数字工匠标准体系的建构奠定前期基础。

第一节　数字工匠的历史演进

随着时代的发展，社会生产力的进步，人们的生产生活方式发生变化，契合时代和社会发展需求的工匠人才也发生着变化。历经手工业时代、工业化时代，到如今的数字化时代，工匠人才相应历经三代更迭，即从手工工匠到工业工匠再到数字工匠。三代工匠有继承有革新，既一脉相承，又与时俱进。

一、手工工匠

"手工业尤其是传统手工业是培育工匠的摇篮，是工匠精神得以形成的基石,更是民族文化传承与光大的孵化器。"① 在原始社会末期,人类历史上出现了第一次社会大分工,农业和畜牧业分离,随后生产力发展加快,发生了第二次社会大分工,手工业从农业中分离出来,逐步形成了专门从事手工业生产的工匠。从最初的良渚玉器,到北宋的活字印刷,再到近现代的纺织、冶炼、制瓷等,我国的传统手工业曾一度领先于世界。从奇迹天工、独具匠心的四大发明再到"百尺高虹横水面,一弯新月出云霄"的赵州桥,这些无一不体现了工匠的智慧与创造能力,从游刃有余的庖丁、刻苦钻研的鲁班、精思巧智的马钧再到衣被天下的黄道婆,这些工匠无一不体现了工匠的精益求精。秉承圣人作器于巧的敬畏感和技道合一的终极追求,中国传统工匠已经形成了与其他职业群体相区别的价值取向。

以"巧"为职业的核心。"巧"即技巧、巧妙。传统工匠主要依赖手工工具和动手技术来制作产品。工匠的本职是制器造物,手工业时代,工匠的技艺多以"父与子""师与徒"的方式传承,在世世代代的职业承传中,他们体现出不断追求技艺、自我超越的工匠精神。正所谓"能工巧匠",其职业核心的"巧"是区分于农民、商人、官宦的典型特征。工匠借助一定的器械和工具,在规律和准则基础上,有技巧地开展创造活动,并将技巧发挥到极致,生产优质产品,促进行业发展。

以"精"为职业的态度。"精"即精益求精。《诗经》曰"如切如磋,如琢如磨",讲述了工匠们在切割、打磨玉器、象牙和骨器等的工作过程中,对每一件产品像对工艺品一样去打造。在手工业时代,由于生产规模小,生产过程相对简单,工匠们有充足的时间对自己的产品精益求精,反复打磨,以达到完美的程度。工匠在造物的过程中运用熟练精湛的技术、严谨求实的科学态度和高度的责任心认真对待每一个细节,使得物品达到理想的状态。工匠们在制作每一件物品时都不是简单的重复操作和复制,而是对技术的革新,在追求数量的基础上不断提升质量,完成精湛技艺的打磨和创新性改良。

以"专"为职业的坚守。"专"即专业和专注。从"知者创物,巧者述之,守之世,谓之工"可以看出,工匠的技艺是世代相传的。保证了对传统的坚守,可以坚持自己的专业分工,发挥技艺特长。工匠以手工劳作的方式从事制造时,

---

① 张迪. 中国的工匠精神及其历史演变 [J]. 思想教育研究, 2016 (10): 46.

为了减少不确定性，成功造出符合设计目标的品质稳定的产品，必须十分注意对身体的操控，必须将精神和注意力集中于和制造活动有直接关联的身体感知与运动上，这就有了专心致志和一丝不苟等工匠劳作时的工作状态与精神风貌。可以说，专业和专注的工作状态是简陋的手工劳作条件下生产制造顺利进行的内在要求。

二、工业工匠

工业革命是指从18世纪末开始在世界范围内发生的以大规模工厂化生产取代个体工坊手工生产的一系列生产与科技革命，因此历史学家称这个时代为"蒸器时代"（the Age of Steam）。迄今为止，世界共经历了四次工业革命：以蒸汽机的发明与应用为标志的第一次工业革命完成了生产机械化的转变，以电力、内燃机、飞机、汽车等电器的发明为代表的第二次工业革命标志着人类进入电气时代，以计算机、航空航天、原子能为代表的第三次科技革命使世界进入自动化时代，以人工智能、无人驾驶、清洁能源等为代表的第四次工业革命推动制造业的智能化转型。大工业时代的到来，机械化大规模生产的出现，一度使得工厂对工匠的技能要求降低，学校职业教育中大规模培养的工匠逐渐代替在手工作坊中培育的工匠，促使工人更多地追求产品的数量。[①] 随着工业革命的不断深入，追求精细化的生产日益受到追捧，大国工匠的品质逐渐凸显。

对标准规范的坚持和坚守。工业化时代与手工业时代相比，有了一些不同。一方面，从中国古代的"书同文，车同轨"，到现代工业规模化生产，都是标准化的生动实践。但工业时代的标准要求更加严格，工业生产的一个典型特征是更加体现通用化，每一个零件都是可以互换的，所以产品无论是工艺还是规格一定要达标。另一方面，手工生产中，每个工匠都要负责整个的生产过程。但在工业生产中，工厂和生产线的建立使生产能力大幅提高，能够应对市场对产品的大量需求，一个工人只需要负责一道工序，而流水线是将一个重复的时序过程分解成若干个子过程，每个过程都可有效地在其专用功能段上与其他子过程同时执行，达到工序之间的相互关联。因此，工业化时代更多地强调工匠对标准和规范的遵循和坚守。

---

① 李国兰. 试析工匠精神的演变与发展［J］. 职业教育研究，2018（4）：14-17.

满足产量需求的智慧和技术。工业革命以及随后的工业化时代带来了许多技术和制度的变革，旨在提高生产效率和降低生产成本。纵观历史，每一次工业革命都是共性技术①和制造技术的深度融合，进而形成新的工业技术，该项技术成为这次工业革命的核心技术。工业革命的共性技术从机械化到智能化，从机器到人工智能，工匠需要不断寻求新的技术和工具，以提高生产效率和产品质量。因此，工业化时代对工匠的要求不仅限于对某一种工艺精益求精的追求，更是具有推动整个产业和技术革新的智慧和技术。

满足产业发展的创新和创造。中国古代工匠独有一种自我创新和自我开悟的精神，工匠自古就是指具有创造才能的人。工业时代大国工匠具备的创新精神，是在严格遵循制作器物规则基础上的质量改善和技术创新，体现在产品设计、生产、销售和售后等全产业链质量管理体系中。工匠精神的创造力可以提升产品劳动生产率和产品质量，具有锲而不舍的精神和创新能力的人，不断突破各种生产和流通环节的关键技术瓶颈，学习先进的质量工具和方法，不断进行质量改进和工艺创新。

三、数字工匠

数字化时代也就是我们常说的运用计算机将我们生活中的信息转化为0和1的过程，是指信息领域的数字技术向人类生活各个领域全面推进的过程。数字时代的特点是开放、兼容、共享，高科技、智能化是大国制造最突出的技术特征，与之相匹配的技术角色必须具有高知识技能作为保证，这就要求与原有生产力模式相适应的技术工匠进行再技术社会化以提升技能水平。不同于传统工人，数字化时代的大国工匠既要具有现代工业技术水平，又要掌握智能化网络化技能，能够通过数字技术改造提升传统产业。随着时代的发展，对大国工匠的要求更加全面，主要体现在以下几方面。

追求投入的敬业精神。数字化使得产业生产方式迈向以数字技术引领机器革命发展的新时代，推动世界经济飞速发展。由于即时利益的冲击，各领域的

---

① 共性技术：介于基础研究和应用研究之间，在多个领域内已经或未来有可能被广泛采用，对多个产业发展能起到根基作用的基础技术，它具有通用性、关联性和系统性特点，是发展创新链和产业链的基础。

许多个体心浮气躁，缺乏持久的工作态度，而一丝不苟是爱岗敬业思想理念的职业态度外显。[1] 全国五一劳动奖章获得者、杭州国芯首席技术专家梁骏，二十年如一日，带领团队在芯片"卡脖子"的关键技术上攻坚克难，自主创新做强民族芯片，一举突破22纳米的技术关口，自主掌握了从0.13微米到22纳米各类集成电路工艺的设计能力。从工匠本位来看，工匠是一种职业，对自身职业的敬业与专一是一个工匠最基本的职业态度。[2] 全身心投入自己所爱的职业是大国工匠的精神基石。

追求凝聚的团队精神。随着数字技术的精进，万物互联的呼吁，传统工匠凭借自己的"一技之长"无法完成既定的任务。在实际工作中，工作岗位往往并非独立、单一的，需要团队力量的整体配合及共同努力，应自觉同其他同事开展互帮互助、配合协同、沟通协调、共同提升。数字化时代对工匠的要求更加"综合"，包括横向的跨界沟通和协作能力，处理事情考虑上下游关联的纵向管理能力以及纵横交错的应急处理能力。[3] 其综合能力都反映出团队作战的重要性，这也是对传统"专门型"工匠的明显转向。

追求熟练的数字技术。在新一代数字技术推动下，全球加速迈进数字经济时代，产业正在进行数字化转型，人们可以通过一台电脑操纵工厂所有的机器设备并监测其运行状态。以新能源产业为例，数字技术的加入能够有效提高可再生资源的利用效率。生产方式的数字化转变改变了人们的工作方式，除了人类自身，人造的物理系统与数字系统都在走向智能化。数字时代赋予工匠的新特点是新时代对技能人才提出的更高要求，可以利用数字技术创造性地改进、提升传统产业。

追求突破的创新底蕴。要想成为一名数字时代的"大国工匠"，具备"工匠精神"还不够，更需要激活"数字"匠心，实现创新突破，既能用先进生产技术和工艺实现数字化、智能化生产，又能以数据为支撑，创造性地改进工作方式。数字时代的"大国工匠"要做好技术方面的"三个创新性思考"：一是思考关键领域技术的突破与创新，促进产品质量的提升和飞跃；二是思考整合现

---

[1] 胡玉森. 后工业时代如何继承工匠精神 [J]. 西北美术, 2017 (2): 4-6.
[2] 殷凯伦. 中国传统工匠精神的现代转换 [D]. 贵阳: 贵州大学, 2021.
[3] 秦芬. 人工智能时代"工匠精神"的价值承传与教育观导向 [J]. 教育评论, 2020 (1): 19-26.

代技术和经验技术的方法，以便在设备的改造创新、节约生产资源、引进先进技术、减少设备磨损、增加产品附加值，以及提升生产过程的环境友好效应中表现出更强的灵活性和适应性；三是思考设计、生产、制造、销售、管理的产业链中，各个环节、各道工序、每个细节乃至整个流程的科学化、合理化，以实现渐进式的创新与改良。

四、数字工匠的发展趋势

根据世界银行数据，2021年全球经济增速高达5.8%，实现近48年来最快增长。中国信息通信研究院发布的《中国数字经济发展报告（2022年）》指出，2021年，中国数字经济规模达到45.5万亿元，占GDP比重达到39.8%，数字经济在国民经济中的地位更加稳固，支撑作用更加明显。数字工匠作为数字化浪潮下复合型技能人才的代名词，他们是数字时代的先行者和实践者，更是各行各业进行数字化变革与升级的重要力量支撑。在产业数字化和数字产业化的大趋势下，越来越多的企业认识到培养数字人才的重要性，通过打造既掌握生产运营技术，又掌握人工智能、大数据等数字技术，还要兼具工匠精神的数字工匠，来形成企业的核心竞争力，推动数字化转型的改革升级，最大化实现数字人才的价值。当前，我国数字工匠的培养与产业发展要求相比还存在较大差距。以工业互联网领域的数字工匠为例，目前在质量和数量上都与产业需求存在一定差距。一方面，目前这些数字工匠的技术能力还不能很好满足工业上丰富的应用场景需求；另一方面，数字工匠在数量上还存在较大的人才缺口，预计到2025年，该行业对数字工匠的需求数量将高达254万人。

因此，大力培养数字工匠，已然成为当前推进产业数字化发展的首要任务。中共中央办公厅、国务院办公厅印发的《关于加强新时代高技能人才队伍建设的意见》（以下简称《意见》）作为新时代高技能人才队伍建设的指导性文件，特别提出"大力弘扬劳模精神、劳动精神、工匠精神"，为我们开展高技能人才培养工作，特别是培养具有数字化技能的高水平人才指明了方向。《意见》提出，到"十四五"时期末，技能人才占就业人员的比例达到30%以上，高技能人才占技能人才的比例达到1/3。力争到2035年，技能人才规模持续壮大、素质大幅提高，高技能人才数量、结构与基本实现社会主义现代化的要求相适应。

面对数字工匠高技能人才短缺问题,《意见》为我们培养具有数字化技能的高水平人才指明了方向,提供了根本遵循。未来必须面向数字经济发展主战场,坚持数字产业化、产业数字化需求牵引,加快培养更大规模、更高质量的数字工匠,加快形成我国数字化高技能人才的比较优势,构建推动数字化转型的重要引擎。

第二节 数字工匠的概念界说

立足于数字时代发展的宏观背景,聚焦新质生产力发展需求培育战略人才,开展数字工匠的理论研究,需要回应"何为数字中国?何为工匠精神?何为数字工匠?何为战略人才?何为新质生产力?"等系列问题。其中,描绘数字中国的途径和内涵旨在找准数字工匠的价值和定位;回味工匠精神在于赋予数字工匠本质性的"身份标识";阐释数字工匠的基本内涵指向于数字工匠的本体性解释;论述战略人才和新质生产力的内涵,旨在厘清数字工匠、战略人才和新质生产力三者之间的关系,从而找到培育数字工匠标准的对标点。

一、数字中国

建设数字中国是构筑国家竞争新优势、推进中国式现代化的必然选择。20世纪90年代,以欧美为代表的资本主义国家提出"数字地球"概念,并纷纷投入发展数字化技术和抢占数字化高地的领域中,我国部分省份也相继根据自身的地方特点因地制宜开展数字化建设,逐渐形成了一批"数字北京""数字海南""数字新疆""数字重庆"的新提法,但当时仅停留在测绘地理信息层面,未推至广泛的应用领域。后来,时任福建省省长的习近平同志创造性跳出地理空间的狭隘观点,从信息化全局的角度提出了"数字福建"的建设思路,明确了"数字化、网络化、可视化、智慧化"的建设目标。[①] 2015年,习近平总书

[①] 闫德利. 数字中国的由来和内涵[J]. 互联网天地, 2018 (10): 14-17.

记在第二届世界互联网大会开幕式上提出要"推进'数字中国'建设"①。这是习近平总书记首次正式提出数字中国，从而开启了数字中国建设新征程。从数字中国建设的顶层设计来看，2016 年《"十三五"国家信息化规划》将"数字中国"建设写入发展目标之中，强调"到 2020 年，'数字中国'建设取得显著成效，信息化发展水平大幅跃升，信息化能力跻身国际前列，具有国际竞争力、安全可控的信息产业生态体系基本建立"②。中国高度重视数字中国建设，自党的十八大以来，密集出台一系列促进数字中国建设的政策举措，将建设数字中国上升到国家战略高度。2021 年，《中华人民共和国国民经济和社会发展第十四个五年规划和 2035 年远景目标纲要》明确提出，要"加快数字化发展，建设数字中国"。党的二十大继续指出，加快建设数字中国，"加快发展数字经济，促进数字经济和实体经济深度融合，打造具有国际竞争力的数字产业集群"。2021 年 12 月，国务院印发《"十四五"数字经济发展规划》，对优化升级数字基础设施、充分发挥数据要素作用以及大力推进产业数字化转型等多方面重点任务做出部署。2023 年 2 月，中共中央、国务院印发《数字中国建设整体布局规划》，规划指出"建设数字中国是数字时代推进中国式现代化的重要引擎，是构筑国家竞争新优势的有力支撑"。2023 年 5 月 23 日，国家网信办发布的《数字中国发展报告（2022 年）》对我国数字化建设效果进行了全面总结。从数字中国建设政策的总体态势和官方提法来看，数字中国业已成为数字时代中国推动全方位高质量发展的一项重要战略，在推动全面建设社会主义现代化国家、全面推进中华民族伟大复兴的过程中发挥出越加明显的作用。

理解数字中国的内涵构造还需从学术探索的立场加以审视。数字中国是一个典型的政府工作术语，目前学者们尚未对其内涵界定形成统一的认识，但从其使用、在政府工作报告中的出现等可以对其内涵进行学理上的初探。闫德利从回顾世纪之交开启的"数字福建"建设成果入手，认为"数字中国"是新时代的国家信息化。③ 与之类似，国家互联网信息办公室发布的《数字中国建设

---

① 习近平. 在第二届世界互联网大会开幕式上的讲话 [N]. 人民日报，2015 - 12 - 17 (2).

② 国务院关于印发"十三五"国家信息化规划的通知 [EB/OL]. 中国政府网，2016-12-27.

③ 闫德利. 数字中国的由来和内涵 [J]. 互联网天地，2018 (10)：14-17.

发展报告（2017年）》认为，数字中国是新时代国家信息化发展的新战略，是满足人民日益增长的美好生活需要的新举措，是驱动引领经济高质量发展的新动力，涵盖经济、政治、文化、社会、生态等各领域信息化建设，包括"宽带中国""互联网+"、大数据、云计算、人工智能、数字经济、电子政务、新型智慧城市、数字乡村等内容。[①] 从上述定义可以看出，数字中国与信息化发展一脉相承，是信息化发展的高级阶段、最新成果和升级版，是新时代的国家信息化，是新时代赋予的新使命，包括了数字经济、电子政务、数字民生、数字文化、数字军事等各个领域。

二、工匠精神

工匠精神从整体上看，是劳动个体在生产环节和过程中体现的思维和态度，诞生于工艺之中，发展于工艺之中，它也是工艺的根本。西方文化中，"工匠"一词原意为从事体力劳动的人。后来随着劳动形式的逐渐丰富，工匠作为一门特定的职业和特定的社会阶层，演变为具有"技能、技巧、技艺"的人。[②] 这与中国的工匠（又被称为手艺人）——以熟练掌握某一门手工技艺为谋生手段的一类社会群体——相似。我国古代社会分为"士农工商"，工占其一，工匠是社会的重要组成部分。但古代社会阶层固化，工匠的身份相对低下，工匠即使有钱，也难轻易改变自身的阶级地位。他们世代从事某一技艺的生产，不管是因为生活所迫还是家族传承，都要求他们严格遵守各项工艺的要求，以精诚的态度来对待自己的劳动和职业。工匠需要依赖高超的技艺和优质的产品来获得顾客和社会的认同，同时这也会提高他们在本行业领域中的地位。工匠在生产过程中需要坚定、耐心、专注和执着的态度，以保证他们生产出来的产品符合要求。工匠还会不厌其烦、不辞劳苦、精益求精，以此创造出超凡的物品，正是在这一历史过程中，形成了工匠精神。

相对于工匠一词内涵的一致性，对于工匠精神的含义，则尚未有一个统一的内涵。国内外学者对工匠精神内涵的分析阐述是多维的，所运用的方法也是

---

① 国家互联网信息办公室发布《数字中国建设发展报告（2017年）》[EB/OL]. 中国网信网，2018-05-09.
② 庄西真. 多维视角下的工匠精神：内涵剖析与解读[J]. 中国高教研究，2017（5）：92-97.

不一而足。在发达国家中,德国和日本是坚守与传承"工匠精神"的榜样。正如百年匠心看德国,千年匠心看日本,他们的品牌产品能够屹立于全球之峰,家族企业历经百年不倒,这得益于"工匠精神"的坚守与传承。德国的"工匠精神"表现为专注与创新,专注让百年老店经历坎坷而不倒,创新让百年老店历久弥新。日本的"工匠精神"体现为传承与创新。唐朝贞观年间,日本向中国学习政治制度和各行各业的技艺,明治维新后,日本引进欧洲工业技术。这些技术在日本落地生根,并得到传承和创新,从而产生许多百年老店。由此可见,"工匠精神"为创造创新提供了动力源。因此,正是"工匠精神"中的技艺之筋骨和传承之风骨,支撑着这些民族品牌和百年老店经久不衰。

在我国实践情境中,工匠精神依托于工匠的生产实践。从现实层面也就是工匠精神实存性的本位状态和事实来看,最表层的工匠精神是对品质的不断追求以达到完美的心理历程[1],是讲求极致无瑕的生产经营理念[2],进而成为工匠在工作中所体现的一种核心能力[3],一种表现出来的职业精神和态度理念[4],一种在工作中一丝不苟的工作态度和追求精工精致的精神[5]。最终,工匠精神已不再落实到具体的工匠活动和职业领域,而是一种追求极致的"超越精神"[6]和"人生价值信仰",是一种生存方式[7],是一种人文关怀与社会担当[8],是专业精神、职业态度、人文素养三者的统一[9]。

综上可知,虽然很难从工匠精神的内涵范围对其下一个统一和确切的定义,

---

[1] 王国领,吴戈. 试论工匠精神在现代中国的构建[J]. 中州学刊,2016(10):85-88.
[2] 刘志彪. 工匠精神、工匠制度和工匠文化[J]. 青年记者,2016(16):9-10.
[3] 郭会斌,郑展,单秋朵,等. 工匠精神的资本化机制:一个基于八家"百年老店"的多层次构型解释[J]. 南开管理评论,2018,21(2):95-106.
[4] 查国硕. 工匠精神的现代价值意蕴[J]. 职教论坛,2016(7):72-75.
[5] 李砚祖. 工匠精神与创造精致[J]. 装饰,2016(5):12-14.
[6] 刘自团,李齐,尤伟. "工匠精神"的要素谱系、生成逻辑与培育路径[J]. 东南学术,2020(4):80-87.
[7] 邹其昌. 论中华工匠文化体系:中华工匠文化体系研究系列之一[J]. 艺术探索,2016,30(5):74-78.
[8] 王东宾. 工匠精神背后的文化、伦理与制度内涵[N]. 21世纪经济报道,2016-03-28(8).
[9] 何伟,李丽. 新常态下职业教育中"工匠精神"培育研究[J]. 职业技术教育,2017,38(4):24-29;连辑. 手工技艺与工匠精神[J]. 文艺研究,2016(11):5-8;李小鲁. 对工匠精神庸俗化和表浅化理解的批判及正读[J]. 当代职业教育,2016(5):4-5.

但就其核心内涵，已形成比较一致的共识，即精益求精、注重细节、追求极致。它们共同组成"工匠精神"的文化精髓。

三、数字工匠

  2022年10月，中共中央办公厅、国务院办公厅印发了《关于加强新时代高技能人才队伍建设的意见》，强调要加大急需紧缺高技能人才培养力度，尤其要围绕建设网络强国、数字中国，建立一批数字技能人才培养试验区。[①] 人工智能技术高速发展对人工智能产业领域数字技能人才的能力与素养提出了更高的要求：一方面，他们要掌握人工智能、大数据、网络运维与网络安全等数字技术且能够以"高质量标准、高安全保障"的工作准则实际应用数字技术；另一方面，他们要具备精益求精、恪尽职守与孜孜不倦的工匠精神，在职业发展中始终追求卓越、坚守品德、勇于创新，成为推动数字时代产业智能化转型的数字工匠。[②] 有学者认为数字工匠是指不但具有现代工业所需的技术技能，而且熟练掌握智能化网络化技能，并且善于融合数字技术、改造提升传统产业的复合型技能人才。[③] 面向技术更新发展迅速的人工智能新兴产业，其对人才的需求和培养规格更注重学生自主学习与终身学习能力的培养，以及职业素养和综合素质的塑造。具体来说，一是在数字素养方面，数字素养是数字工匠在智能制造发展中利用一定信息技术手段和方法，快速有效发现并获取信息、评价信息、整合信息、交流信息的综合科学技能与文化素养，其中包括数字意识、数字思维、数字技能和数字伦理等方面。二是在知识结构方面，数字工匠需掌握计算机基础、网络基础、人工智能基础、程序设计基础、数据库操作和网站管理与安全等专业知识。三是在能力结构方面，数字工匠需具有软件开发、大数据应用开发、人工智能技术应用、网络系统和网站建设与维护等能力。同时，数字工匠还要具备出众的创新能力，既能用先进生产技术和工艺实现数字化、智能化生

[①] 中共中央办公厅、国务院办公厅印发《关于加强新时代高技能人才队伍建设的意见》[J]. 中华人民共和国国务院公报, 2022（29）：8-12.
[②] 罗云芳, 李珊珊. 高职现代产业学院数字工匠人才培养模式建设：以广西职业技术学院人工智能产业学院为例[J]. 广西职业技术学院学报, 2023, 16（3）：41-47.
[③] GRAMAZIO F, KOHLER M. Digital Materiality in Architecture [M]. Zurich：Lars Müller Publishers, 2008：11-13.

产，又能以数据为支撑，创造性改进工作方式。四是在精神结构方面，数字工匠应践行社会主义核心价值观，具有深厚的爱国情怀和中华民族自豪感，具备沉静执着的恪守之心，"技""术""德""业"的价值追求与符合时代特征的创新思维等[1]，充分彰显新时代"工匠精神"。

综上可知，数字工匠本质上依然是时代和国家所需的工匠人才，是数字经济时代下手工工匠、工业工匠的时代性延伸与再现。所谓工匠，是指具有技艺专长的人，技艺精湛且匠心独具，换言之，也就是具备工匠精神的高素质技术技能人才。而数字经济时代下的数字工匠是既具有现代工业技术技能，又掌握数字技术技能，能够在数字产业灵活应用数字技术技能或将数字技术技能渗透融合并改造传统产业的复合型技能人才。他们不仅具有精益求精、注重细节、追求极致等的工匠精神以及精湛的技艺，同时具备高水平的数字素养。

四、战略人才

人力资本是当今时代国民经济可以持续增长的核心动力，而"人才"是集高人力资本于一身的典型代表。习近平总书记在党的二十大报告中指出，加快建设国家战略人才力量，努力培养造就更多大师、战略科学家、一流科技领军人才和创新团队、青年科技人才、卓越工程师、大国工匠、高技能人才。在统筹发展与安全，促进经济社会高质量发展当下的中国，人力资源可谓诸多发展资源中的第一资源[2]，人才的发展尤其是战略人才的发展对于加快推进中华民族伟大复兴和实现中国式现代化具有不可或缺的关键意义。那么，究竟何谓战略人才？首先，从语义上来看，战略人才是"战略"和"人才"复合形成的"产品"，理解战略人才的内涵需要辨析战略和人才的定义。战略可以理解为"指导全局工作，决定全局命运的方针、方式和计划"，而人才可以认为是获得一定知识和技能，具有创造性劳动能力的人，这样，"战略人才"可以界定为具备一定的知识、技能和能力，能够进行创造性劳动，为落实组织规划、实现组织使命做

---

[1] 宋晶. 新时代职业教育的"工匠精神"：诉求、价值与培育策略[J]. 职教论坛，2019（6）：11-16.
[2] 江泽民首次提出"人才资源是第一资源"的观点，丰富和发展了邓小平人才观。参见黄本玉. 党的历代领导人的人才观述评[J]. 人民论坛，2010（23）：248-249.

出较大贡献的人。① 其次，从人才类型上看，战略人才与普通人才存在明显的不同，具有其自身的独特性，这也决定了其指代了不同维度的人才主体。根据习近平总书记在党的二十大报告中关于"战略人才"的论述可知，战略人才包括了"大师、战略科学家、一流科技领军人才和创新团队、青年科技人才、卓越工程师、大国工匠、高技能人才"等职业群体，这一分类为加快建设国家战略人才力量提供了明确指向。与此同时，相关学者也对战略人才的类型划分做出了有益探索。王建民认为"战略人才"也可以按照《国家中长期人才发展规划纲要（2010—2020年）》的体系，分为党政人才、企业经营管理人才、专业技术人才、高技能人才、农村实用人才和社会工作人才六种类型。② 最后，从时代发展上看，战略人才的内涵及类型具有时代性和可发展性，即在不同的时代发展需求下会产生不同的战略应对和举措，从而也造就了不同的战略人才特质和类型需求。比如，随着战略性新兴产业的崛起，有研究将战略性新兴产业战略人才，描述为在战略性新兴产业相关领域的规划布局、组织管理、科技研发、设计创新、制造生产、商业运营等环节，具有较强能力的人才的总称，分为领导决策人才、科技创新型人才、高级生产作业人才和商业运营人才四种类型。又如，随着产业数字化和数字产业化战略进程的不断加快，以数字工匠为代表的战略人才的高质量供给也日益成为经济全面转型和升级的关键。③ 综合已有研究论述，我们认为"战略人才"是具备专业知识、娴熟技能和时代素养，能够进行创造性劳动和为社会发展做出卓越贡献的人才，其在类型上具有能动性和适应性，包括大师、战略科学家、一流科技领军人才和创新团队、青年科技人才、卓越工程师、大国工匠、高技能人才等职业群体。

五、新质生产力

2023年9月，习近平总书记在黑龙江考察调研期间提出了"新质生产力"的概念，强调整合科技创新资源，引领发展战略性新兴产业和未来产业，加快形成新质生产力。在9月7日召开的新时代推动东北全面振兴座谈会上，他再

---

① 王建民. 战略人才的研究基础与发展逻辑 [J]. 中国人力资源开发，2014 (15)：6-10.
② 王建民. 战略人才的研究基础与发展逻辑 [J]. 中国人力资源开发，2014 (15)：6-10.
③ 吕晓光. 大力培养数字工匠推动数字中国建设 [J]. 智慧中国，2023 (1)：34-37.

次指出,"积极培育新能源、新材料、先进制造、电子信息等战略性新兴产业,积极培育未来产业,加快形成新质生产力,增强发展新动能"①。从内涵上而言,新质生产力重在一个"新"字,而新与"旧"相对,因此,新质生产力是相对于旧质生产力存在的。不同于旧质生产力依赖大量资源投入、高度消耗资源能源,新质生产力充分强调科技创新的主导作用,是一种摆脱了传统增长路径、符合高质量发展要求的生产力,也是数智时代更具融合性、更体现新内涵的生产力。新质生产力有两大结构性要素,一是科技创新,科技创新是塑造新质生产力的关键驱动力量,大力发展新质生产力与"科学技术是第一生产力"论断具有内在一致性。二是产业结构优化,产业是生产力变革的具体表现形式,战略性新兴产业和未来产业发展是打造新质生产力的现实基础。目前,我国新质生产力发展已经初具规模,并主要表现为三种形式:第一种形式是"数字生产力",即以数字技术为基础产生的新质生产力;第二种形式是"绿色生产力",是以绿色、低碳理念和新能源技术为基础发展的可以提高生产力水平和环境绩效、实现社会与经济全面发展的新质生产力;第三种形式是"蓝色生产力",是通过推进海陆畅通循环,实现海陆资源互补、海陆产业关联,推动海陆经济一体化外溢的新的社会生产力。②

新质生产力是新质学域的上层目标和终极价值,这一命题的确立为解构新质学域的基本内涵提供了价值指向。法国社会学家皮埃尔·布迪厄(Pierre Bourdieu)在其著作《实践与反思:反思社会学导引》中提出了"场域理论",用于解释社会构建和社会行为。③ 布迪厄场域理论的三个核心元素分别为场域、资本和惯习。布迪厄将"场域"定义为"由附着某种资本形式的各种位置间的一系列客观历史关系构成",可见场域理论是从关系视角出发,认为社会由相互联系的不同社会小世界构成,每个社会小世界就是不同的"场域",可以说关系是场域的本质。④ 资本是行为主体在不同的场域中开展实践活动所依靠的任何资

---

① 加快形成新质生产力,为高质量发展提供持久动力[N]. 21世纪经济报道,2023-09-13(1).
② 蒋永穆,马文武. 新质生产力是什么?新在哪?[N]. 四川日报,2023-09-18(11).
③ 布迪厄,华康德. 实践与反思:反思社会学导引[M]. 李猛,李康,译. 北京:中央编译出版社,2004.
④ 布迪厄. 艺术的法则:文学场的生成和结构[M]. 刘晖,译. 北京:中央编译出版社,2001.

源,既可以交换也可以互相争夺,场域本身就是一个资本争夺和交换的空间。惯习是行为个体对场域规则的认知和感悟,最终会转化为行为主体外在的社会行为。布迪厄根据场域、资本和惯习的概念提出了"实践=惯习×资本+场域"的公式,形成了场域理论的核心理念。从场域理论的基本观点出发,新质学域的本质就是一个典型的"场域",其基本属性由新质生产力所决定,包括科研场域、教育场域和产业场域三个子场域类型。[1] 科研创新场域主要掌握科学技术、学术资本,具有重视知识创造、创造研发的惯习;教育场域主要掌握劳动力资源、人才资本,具有重视人才培养的惯习;产业场域主要掌握资金及设备、应用技术、经济资本,具有重视利润获得的惯习。不同于传统的产教融合、科教融合模式下的场域实践互动,新质学域强调科研、教育、产业三个场域打破原有边界,改变既定的规则和惯习,形成以创新为纽带,包含产业、大学、职业院校、科研机构、信息平台等系统要素在内的"普职融通+产教融合+科教融汇"的"三融"复杂网络结构。在"三融"体系中,各场域中的行为主体通过建立主动创新、高效协作的耦合创新机制,互相取长补短并加快促进技术、知识、资本与数据等要素的快速流动,实现系统整体的合作生产和价值共创。

六、数字工匠、战略人才及新质学域的内在关系

在辨析数字工匠、战略人才和新质学域三个概念的基础上,还需进一步梳理三者之间的内在逻辑关系。从类属关系上来看,战略人才和数字工匠均同属"人才",二者之间天然存在可比性。依据上文关于战略人才和数字工匠的内涵分析,本书主张将战略人才视为数字工匠的上层范畴,换言之,数字工匠是战略人才中的一个人才类型,这与我国社会经济发展实践比较贴切。对新质学域而言,"场域"身份和"三融"结构的确立,在一定程度上建立了其与战略人才、数字工匠之间的因果关系,换言之,建立和完善新质学域是培育战略人才和数字工匠的适切举措,具体模型如图2-1所示。

---

[1] 贾永飞,郭玥. 科教产融合创新机理研究:基于场域理论[J]. 中国科技论坛,2023(8):39-50.

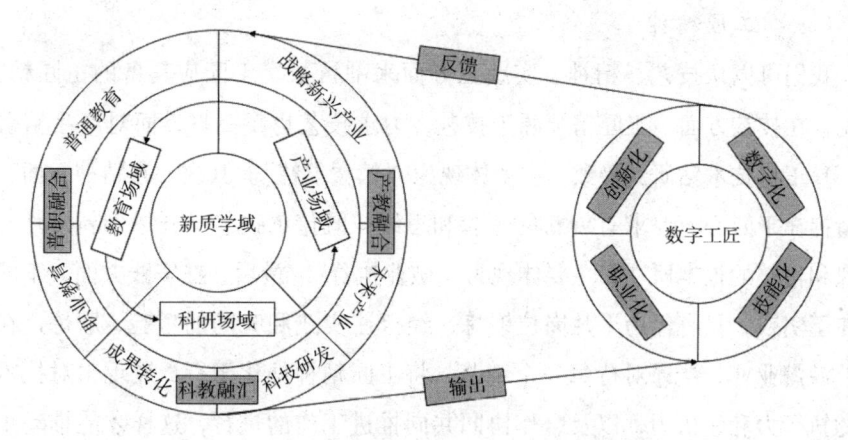

图 2-1 "新质学域—数字工匠"双轮驱动模型

第三节 数字工匠的职业素质

"素质"一词最初来源于心理学与生理学，《心理大辞典》中指出其为有机体天生具有的某些解剖和生理的特性，主要是脑、神经系统、感官和运动器官的特性，是能力发展的基础以及自然前提。此为狭义的素质概念。而后，素质被沿用到企业、教育等领域，逐渐形成广义的素质概念。如《全面素质教育手册》中的素质是指人们先天的自然性与后天的社会性的一系列基本特点与品质的综合，它包括生理素质、身体素质、文化素质、心理素质、政治素质、思想素质等。基于广义的素质概念，数字工匠的职业素质指数字工匠稳定的职业品质，它是以个体的先天条件为基础，通过教育培训、实践锻炼和自我提高而形成的身心特征与职业修养。我们认为，数字化时代，数字工匠的职业素养应包括职业道德、知识结构、能力结构、数字素养和身心素质五方面。

一、职业道德

数字工匠是数字时代下的大国工匠，其职业道德不仅体现在经历史洗涤、经时代选择、经时间沉淀下的工匠精神，也体现在数字时代的职业人员应承担的伦理责任。

（一）工匠精神

我们可以从技艺、精神、实践三方面来剖析数字工匠应具备的工匠精神。首先，在技艺方面，工匠精神源于技艺，力求技艺勇攀高峰，面对产品精雕细琢，真正将技术钻研到极致，主要体现为"精益求精"。其次，在精神方面，工匠精神在于匠心，要求有创新的理念和思维，既传承技艺又开拓创新，匠心是灵魂和精髓的根本所在，主要体现为"敬业执着"。最后，在实践方面，工匠精神在于实践，只有经历平凡岗位锻炼，经得住实践和时间的考验、磨炼，在岗位上兢兢业业，严谨对待每一个细节，将工匠精神外化于行，展现出对技术强大的执行力和领悟力，以及合作协同共同推进工作的进行，这样才能推动工匠精神的升华及其在本质内涵与价值取向上的统一，主要体现为"追求卓越"与"协作共进"。此外，数字工匠在面对不断更新迭代的数字技术以及海量庞杂的数字信息时，还应具备"开拓创新"的精神。

（二）伦理责任

数字工匠应当遵循职业道德和伦理规范，保护用户隐私和数据安全，避免滥用技术带来的潜在风险。他们应该注重社会责任感和可持续发展，积极为社会创造正面的影响。在社会责任方面，自尊自律，文明礼貌，诚信友善，宽和待人；孝亲敬长，有感恩之心；热心公益和志愿服务，敬业奉献，具有团队意识和互助精神；能主动作为，履职尽责，对自我和他人负责；能明辨是非，具有规则与法治意识，积极履行公民义务，理性行使公民权利；崇尚自由平等，能维护社会公平正义；热爱并尊重自然，具有绿色生活方式和可持续发展理念及行动等。在国家认同方面，具有国家意识，了解国情历史，认同公民身份，能自觉捍卫国家主权、尊严和利益；具有文化自信，尊重中华民族的优秀文明成果，能传播弘扬中华优秀传统文化和社会主义先进文化；了解中国共产党的历史和光荣传统，具有热爱党、拥护党的意识和行动；理解、接受并自觉践行社会主义核心价值观，具有中国特色社会主义共同理想，有为实现中华民族伟大复兴中国梦而不懈奋斗的信念和行动。在国际理解方面，具有全球意识和开放的心态，了解人类文明进程和世界发展动态；能尊重世界多元文化的多样性和差异性，积极参与跨文化交流；关注人类面临的全球性挑战，理解人类命运共同体的内涵与价值等。

二、知识结构

数字工匠需要建立起自身合理的知识结构，既要有精深的"专"知识，又要有广博的"泛"知识，形成符合数字时代下从相关职业实际需要的最合理、最优化的知识体系。基于数字工匠的复合型职业特性，一名能够胜任岗位的数字工匠不仅要有本岗位所需的专业知识，还要有运用数字技术的知识结构。数字工匠的知识结构可以概括为数字技术知识、跨学科知识、前沿技术知识、生产运营知识四部分。

（一）数字技术知识

数字技术发展需要包括数据采集与存储、数据清洗与预处理、数据分析与建模、可视化与展示、数据安全与隐私保护以及数据治理与管理等方面的能力和技术。因此，数字工匠的数字技术知识可以从以下六方面来考虑。

第一，数据采集与存储知识。数字工匠需要有完善的数据采集系统，能够实时收集各种相关的数据，并且能够将这些数据安全存储起来。这可能涉及数据传感器、数据库等技术。

第二，数据清洗与预处理知识。在进行数据分析之前，往往需要对原始数据进行清洗和预处理，以去除错误的数据、填充缺失值等。因此，数字工匠需要有相应的数据清洗和预处理的工具和算法。

第三，数据分析与建模知识。数字工匠需要有强大的数据分析和建模能力，能够根据具体的需求进行数据分析，从中提取有用的信息并进行模型建立。这可能涉及统计学、机器学习、人工智能等技术。

第四，可视化与展示知识。数据分析的结果需要以直观和易懂的方式进行展示和可视化，以便决策者或用户能够更好地理解和利用这些信息。因此，数字工匠需要有相应的可视化工具和技术。

第五，数据安全与隐私保护知识。在处理大规模数据时，数据安全和隐私保护是非常重要的问题。数字工匠需要有相应的安全措施和技术，以保护数据的安全性和隐私性。

第六，数据治理与管理知识。数字工匠需要有完善的数据治理和管理系统，能够有效地管理和维护数据资产，包括数据的收集、存储、清洗、分析等环节。

(二) 跨学科知识

作为典型的通用性技术，数字技术具备高渗透性和高传播性，这使得数字技术可以与经济活动的各个环节相结合，与传统产业进行深度融合。而数字技术与传统产业的深度融合，改变了传统产业的经济活动，驱动着我国产业结构优化升级。一方面，数字技术可以优化资源配置结构，提高资源配置效率以驱动产业结构升级。从总体来看，我国产业间资源配置结构失衡，资源配置效率低下，资金与劳动力大量流向大型企业、热门企业，致使大量中小企业生产经营困难，创新活力难以激发。而数字技术的应用既有助于优化企业组织管理方式，从而实现资源在部门间的合理调配，又有助于缓解区域间信息不对称难题，从而降低双方交易成本，提高资源配置效率。另一方面，数字技术可以激发企业创新活力，从而驱动产业结构升级。数字技术作为通用技术投入生产，企业为适应数字技术而改变生产方式和经营模式，通过对经济活动的信息化和数字化改造，从而实现制造能力到研发能力的跃迁，驱动产业结构升级。

数字工匠需要具备跨学科的知识背景，能够在不同领域之间进行联结和应用。他们可能在金融、医疗、制造、教育、农业等各个行业有所专长。不同领域的专业知识和经验对于数字工匠的角色至关重要。数字工匠需要具备跨学科的知识背景，能够在不同领域之间进行联结和应用。他们应该具备综合的技能，如数据分析、软件开发、系统架构等，以应对复杂的挑战和需求。

(三) 前沿技术知识

前沿技术是高技术领域内具有指引性、先进性的核心技术，前沿技术的准确识别与预测对技术资源有效配置至关重要。[1] 数字工匠应该具备开阔的视野，持续学习，更新知识，紧跟科技发展的前沿，了解最新的技术趋势和发展，从而发现和解决新问题，能够从不同的角度思考，提供创新的解决方案。可通过展览、论坛、培训班等途径获取前沿技术知识。各相关领域的展览如 2023 国际数字能源展，展会聚焦前沿技术经验，引领数字能源产业提质升级。展会旨在聚焦全球数字能源领域前沿技术和实践，打造全球数字能源领域一流展会品牌，加强数字能源生态各相关方的交流合作，聚合优势资源，构建数字能源生态体

---

[1] 武川，王宏起，王珊珊. 前沿技术识别与预测方法研究：基于专利主题相似网络与技术进化法则 [J]. 中国科技论坛，2023（4）：34–42.

系，推动新兴产业发展，引领全球数字能源产业链提质升级。展会期间，参展企业聚焦数字能源供给侧和需求侧，围绕新型电力系统、新能源、数字化赋能、国际数字能源、绿色金融等内容，充分展示了能源领域数字化新技术、新产品、新模式、新业态。① 各个领域关于前沿技术的论坛会议如新能源材料国际前沿技术发展论坛，相关专家围绕新能源材料国际科技创新及应用展望，就光伏领域发展、炼化产业碳源、使用金纳米粒子的催化、流程工业绿色低碳转型等不同话题，探讨最新科研进展和未来趋势。② 各个领域的培训班和研修班如"数字化转型前沿技术"高级研修班，培养创新型、应用型、技术型高层次急需紧缺人才。

（四）生产运营知识

数字化转型存在以下特征：第一，数字化转型是企业战略层面的转型，它涉及企业组织的方方面面；第二，数字化转型不仅是信息管理系统和传统业务流程的简单结合，还包括管理理念和顾客需求导向的改变；第三，数字化转型关注数字技术和企业的融合程度，主要促进了企业新产品开发、组织结构变革、业务流程改进、管理理念更新、商业模式创新；第四，数字化转型通过改变企业价值创造方式，提升企业竞争优势。③

因此，首先，数字工匠需要了解特定领域的生产运营知识、业务需求和挑战，并能够将数字技术应用于解决这些问题。其次，数字工匠还需要具备商业意识，了解市场需求和行业趋势，能够将技术应用于实际业务中，创造经济价值。再次，数字工匠应该关注用户需求，注重产品或服务的用户体验，以提供有竞争力的解决方案。最后，数字化环境下制造企业依据业务属性、产品类型与技术含量向市场提供了多样化的服务，产生了不同类型的知识。如涉及产品研制、调试、监控、维护、升级和回收等的产品生命周期服务，数字工匠应将外部客户知识与企业内部知识耦合，极大地提升知识的获取、整合效率。④

---

① 杨丹丹，杨彬，毛振宇，等．2023国际数字能源展：聚焦前沿技术经验，引领数字能源产业提质升级［N］．中国经济导报，2023-07-01（4）．
② 新能源材料国际前沿技术发展论坛：创新跑出"加速度"［J］．中关村，2023（6）：44．
③ 曹前进．知识转移、动态能力与数字化转型［D］．太原：山西财经大学，2023：18．
④ 李玉娟，罗建强．数字化环境下制造企业服务创新反哺产品创新扩散机理［J］．系统管理学报，2023，32（5）：995-1008．

三、能力结构

能力是人的综合素质在行为上的外化，是指一个人进行实践活动的本领。能力结构（structure of ability）是指构成能力的诸要素相互联系的方式。数字工匠的能力结构主要由专业技术能力、问题解决能力、创新能力、团队合作能力和学习适应能力等构成。

（一）专业技术能力

数字工匠需要具备扎实的技术基础，熟悉相关领域的前沿技术和工具，能够独立开展技术研究和开发工作，能够快速学习和适应新技术，保持与时俱进，不断提升自身的专业知识和技能。他们应该精通相关的计算机科学、数据科学、人工智能等领域的知识，并具备在不同技术领域之间进行快速学习和切换的能力。他们需要了解并熟练运用各种工具、框架和编程语言，以及掌握最新的技术发展趋势。他们应该具备综合的技能，如数据分析、软件开发、系统架构等，同时也要不断扩展自己的技能边界。他们需要掌握多个专业领域的知识技能，能够在不同领域之间进行联结和应用。

（二）问题解决能力

问题解决能力是指能够准确把握问题发生的关键，利用有效资源，提出解决问题的意见和方案，并付诸实施，进行调整和改进，使问题得到解决的能力。数字工匠要能够分析和解决复杂的技术难题，拥有良好的问题解决思维，能快速响应并应对技术挑战。具体而言，解决问题的能力既包括具体专业知识和专业技能，又包括具体专业知识和专业技能之外的各种能力。问题解决能力的发展主要与问题类型、问题情境与问题解决三个因素有关。[1] 数字工匠的问题解决能力既体现在一般性工作情境下运用数字技术解决工作问题的能力，也体现在数字化情境中运用数字技术解决瓶颈性难题、取得创新突破的能力。

（三）创新能力

创新能力泛指个人创造新事物、新概念、新产品的能力。具备创新能力需要以出色的创新意识为基础，善于运用创新思维。创新意识就是面对问题、矛

---

[1] 杨明. 论职业核心能力的培养策略和方法 [J]. 职业技术教育，2007（22）：17-21.

盾和困难时，敢于破除惯性思维，突破传统陈规，勇于探索新思路、新观念，积极创造新成果的思想观念。创新性的思维，就是要用超越陈规、因时制宜的思维方式对待我们遇到的困难和问题，提出有独到见解、有效益显著的工作思路和解决方案。[1]创新思维可分为批判性思维、发散性思维、广阔性思维、逆向性思维、变通性思维、敏捷性思维、整合性思维、深刻性思维等。数字工匠应该具备开放的思维和创新的能力，能够提出创新性的想法和解决方案，推动技术和业务的创新，不断改进和优化产品和服务。他们需要善于发现和解决问题，能够从多个视角思考，并提供创新的解决方案。他们应该保持持续学习的态度，积极追求新的技术和方法，以应对多变和日益复杂的挑战。

（四）团队合作能力

团队合作能力是指根据工作活动的需要，协商合作目标、相互配合工作并调整合作方式不断改善合作关系的能力，这是一种从事各种职业必备的社会能力与职业核心能力。这种职业核心能力包括规划、组织和协调活动的能力，为开展活动收集相关信息的能力，与同事合作的能力，移情能力，适应能力，灵活处理事务的能力，处理紧张关系和不确定性的能力，自我约束的能力，对结果进行评价的能力，形成和使用反馈信息的能力。[2]数字工匠需与其他人合作完成项目，因此，良好的团队合作能力是必不可少的。他们需要具备良好的协作能力，能够与不同背景和专业的人员有效协作，实现团队共同目标；需具备良好的沟通交流能力，善于交流并理解他人的观点，包括提供书面陈述的能力（如写信、写报告、写文章），提供口头陈述的能力（如打电话、在公众场合发表意见），提供信息的能力，提供建议的能力，建立公共关系的能力，谈判能力，与顾客、学生等不同层次的人建立联系和持续保持联系的能力等；同时需具备一定的领导能力，必要时能够领导团队成员协同工作，共同完成任务。

（五）学习适应能力

数字工匠在不同领域和工作环境需要具备持续学习和环境适应能力。如新环境下对市场需求和行业趋势进行快速了解，并能将技术应用于实际业务中，

---

[1] 曾益新．如何养成创新思维：学习习近平总书记关于创新思维的重要论述［N］．学习时报，2023-02-08（1）．

[2] 杨明．论职业核心能力的培养策略和方法［J］．职业技术教育，2007（22）：17-21．

创造经济价值。他们应该关注新用户需求，注重产品或服务的用户体验，以提供有竞争力的解决方案，从而更好地满足客户的需求。面对持续变化的环境，学习适应能力实质上是一种学会学习的能力。学会学习的能力的含义主要包括两方面。一方面，学会学习意味着促进个体批判性的学习能力的发展，主要体现在个体拥有反思能力。一个具有职业核心能力的个体需具有对实践和学习进行不断反思，及时更新知识体系，进而促进反思能力的提升，形成良性互动。另一方面，学会学习意味着个体的独立学习能力的发展。为了获得更广泛的职业核心能力，有必要增强个体的独立学习能力，在强调思维形成和学习能力提升的同时，学会监控自己的学习，并进行及时的反馈调整。

四、数字素养

中央网络安全和信息化委员会印发的《提升全民数字素养与技能行动纲要》中将数字素养与技能界定为"数字社会公民学习工作生活应具备的数字获取、制作、使用、评价、交互、分享、创新、安全保障、伦理道德等一系列素质与能力的集合"。数字工匠的数字素养主要包括数字化意识、数字思维、数字技能和数字伦理。

（一）数字化意识

数字化意识是指对数字化技术的认知和理解，以及对数字化时代的态度和行动。在数字化时代，数字化意识的重要性不言而喻，因为数字化技术已经深入我们的生活和工作中。首先，数字工匠需要认识到数字化技术的重要性和优势。数字化技术可以提高工作效率、降低成本、提高产品质量、改善用户体验等。数字化技术还可以帮助企业实现数字化转型，提高企业的竞争力和市场占有率。其次，数字工匠需要具备数字化技术的知识和技能。数字化技术包括人工智能、大数据、云计算、物联网等。数字工匠需要了解这些技术的基本原理和应用场景，掌握相关的工具和技能，以便在工作中灵活应用。最后，数字工匠需要积极拥抱数字化时代，不断学习和更新自己的知识和技能。数字化技术在不断发展和变化，数字工匠需要保持敏锐的洞察力和学习能力，以便能够跟上时代的步伐，不断提高自己的竞争力和创新能力。

（二）数字思维

数字时代，数字思维成了一种重要的能力，不仅在科技领域中，而且在各行各业都变得重要。数字思维可以帮助人们更好地处理信息、分析数据、创新思维，这是信息时代下的生存法则。数字思维在实际的工作中可分为以下六种类型。一是数据思维。决策过程从原来的拍脑袋、凭经验，转向数据决策、商业洞察指导的科学决策方式，以提升整体决策的质量。二是系统思维。数字化提供了丰富的数据视图，从用户反馈、经营分析、财务分析、企业成本、行业竞争对手数据进行全局视角的思考。三是敏捷思维。借鉴数字技术敏捷迭代的思维，在不确定的时代，快速反应，不断完善自身。四是用户思维。传统企业从市场导向、营销导向，转变为以用户导向、以产品导向的思维，让客户价值驱动企业发展。五是产品思维。以产品为中心，以客户需求为导向，以大规模定制为主要生产理念。六是生态思维。构建良好企业生态环境，实现上下游产业链的共生。

（三）数字技能

数字工匠的数字技能主要包括以下几方面。一是数据分析与挖掘技术，即数字工匠需要掌握数据分析与挖掘技术，能够从大量的数据中提取有价值的信息。例如，他们可以运用统计分析、机器学习、数据挖掘等技术来发现数据间的关联性、趋势以及模式。二是可视化技术。数字工匠需要掌握数据可视化工具和技术，能够将分析结果以清晰、易懂的方式呈现给决策者和其他相关人员。三是云计算与大数据技术。云计算和大数据技术是支撑数字化工作的重要基础。数字工匠需要了解云计算的基本概念和原理，能够使用云平台进行数据处理和存储。同时，他们还需要掌握大数据技术，能够处理、管理和分析海量的数据。四是人工智能与自动化技术。人工智能和自动化技术在数字化工作中发挥着重要作用。数字工匠需要熟悉人工智能的基本原理和算法，能够运用机器学习、深度学习等技术解决实际问题。他们还需要了解自动化技术，能够利用自动化工具和系统提高工作效率和准确性。五是前沿技术应用。数字工匠还需要不断关注和学习前沿的数字化技术，如物联网、区块链、虚拟现实、增强现实等。这些新兴技术在不同领域都有广泛应用，并且对数字化工作会产生积极的影响。

（四）数字伦理

数字技术的覆盖边界随着数字互联、数据流动，扩张到人类生产生活的方方面面。倘若数字技术携带主观偏见或刻板印象，并在高度互联的网络系统中传递，那将造成恶意的传播和歧视的再生产。因此，培养具有数字伦理内省的责任型数字工匠，是预防数字风险和治理数字侵害的源头管控举措。面对数字实践过程中已然出现的数字歧视、数字垄断、数字剥削以及数字劳动异化，还有由数字技术引发的认知窄化、资本监控、数字控制等不确定风险，期待恪守数字伦理和职业规范的责任型数字工匠的出现。一方面，要求数字工匠能够基于数字技术的特殊性和应用场景的针对性，以用户知情同意、信息安全保障、数字应用公平可及等实践原则规避与数字技术相关联的实质性侵害和不确定风险。另一方面，在对数字产品进行"精益求精"追求的前提下，基于大数据和预设用户使用情境反馈进行前控式保障，通过数据监控、数据分析、数据调试、数据控制、数据增值等系列治理手段，敏锐把握并有效防范伦理风险。

五、身心素质

数字工匠对技术、产品的不断打磨、精雕细琢、精益求精建立在其健康的身心基础之上。

（一）身体素质

数字工匠的身体素质包括生理发育正常、体质健康；有良好的生活、卫生、健康及娱乐的习惯和技能；会科学地安排和利用时间，讲求效益，反应敏捷，能够适应数字时代的高节奏要求。

（二）心理素质

一个能立足岗位、胜任工作的人首先要具备健康生活和工作的心理素养。懂得珍爱生命，理解生命意义和人生价值；具有安全意识与自我保护能力；掌握适合自身的运动方法和技能，养成健康文明的行为习惯和生活方式等。具备健全人格，具有积极的心理品质，自信自爱，坚韧乐观；有自制力，能调节和管理自己的情绪，具有抗挫折能力等。具有自我管理能力，能正确认识与评估自我；依据自身个性和潜质选择适合的发展方向；合理分配和使用时间与精力；具有达成目标的持续行动力等。

其次，具备自身独特的人格特征。每个人的人格特征是有差异的。在数字经济快速发展的今天，数字工匠面临的工作压力、生活压力与社会人际交往压力等是非常大的挑战与考验。优秀的人格特征如意志力、独立自信、责任心、好奇心和求知欲等则是成功的关键。

　　最后，形成正确的价值观。一是要具备一定的人文底蕴，具体体现在具有古今中外人文领域基本知识和成果的积累，具有以人为本的意识，尊重、维护人的尊严和价值，能关切人的生存、发展和幸福等。二是要有一定的审美情趣，具有艺术知识、技能与方法的积累，具有发现、感知、欣赏、评价美的意识和基本能力，具有健康的审美价值取向。三要具备学习能力，能正确认识和理解学习的价值，具有积极的学习态度和浓厚的学习兴趣，具有终身学习的意识和能力，勤于反思，具有对自己的学习状态进行审视的意识和习惯，善于总结经验，借鉴发展超越。四要具有网络伦理道德与信息安全意识。

第三章　数字工匠标准构建理念与原则

第一节　构建数字工匠标准的基本理念与原则

一、构建数字工匠标准的基本理念

随着科技的快速发展和数字化转型的推动，各行各业对数字技能和知识的要求越来越高。为了培养适应数字化时代需求的优秀人才，构建数字工匠标准显得尤为重要。本小节将从以下七方面探讨构建数字工匠标准的基本理念。

（一）强调品德素质培养为根本

品德文化培养是高技能人才培养方案中的重要组成部分。不管什么样的人才，都要具备正确的世界观、人生观和价值观。立德树人是工匠精神的核心，工匠精神的培育不能脱离立德树人的德性范畴，要以民族复兴大任之担当为教育的价值引领，以敬业诚信与人文价值德性为支撑点，构建一个"立德—立业—立人—止于至善"的闭环式培育过程。[①] 新时代工匠精神已成为技术技能人才的立身之本、发展之基，是为中国经济社会转型关键时期培养所需技术技能型及创新型人才所必备的时代素养。

（二）关注数字工匠的发展

数字化时代是一个快速发展的时代，知识和技能更新换代非常快。数字工

---

① 刘自团，李齐，尤伟．"工匠精神"的要素谱系、生成逻辑与培育路径［J］．东南学术，2020（4）：80—87．

匠应该保持持续学习和自我提升的态度，不断更新自己的知识和技能，以适应不断变化的市场需求。通过参加培训课程、阅读相关书籍、参与行业交流等方式，数字工匠可以不断提高自己的专业素养和综合能力。

以满足职业岗位需求、敢于创新创业为引领，打造工学一体的培养方式。岗位需求是指教学中既要关注技能训练也要关注工作岗位的需求，既要关注校内又要关注校外。具体来说可采用"项目导向+任务驱动"的全新教学模式，教师可以选取一个项目为基点，实现校企融合、联合开发和培养，企业提供相应的实训操作场所，同时也可以是有实践经验的教学团队精心设计出来的，目的是让学生在真实、完整的项目中解决实际问题。以此为导向，灵活运用课堂知识，既能让学生实现自主学习与独立探索，又可以实现与小组内同学之间的相互沟通协作。

创新的基础来源于工匠精神，弘扬工匠精神是我国新时代创新发展的需要，能够助力我国实现"两个一百年"的目标。[①] 党的十九大报告提出加快建设创新型国家，创新是引领发展的第一动力。创新是时代的主题，创新型国家的建设需要重视创新型人才的培养[②]，职业院校培养数字工匠人才需要工匠精神提供强大的精神支撑。

（三）强调专业技能和数字素养并重

专业技能学习和数字素养与技能培训并重。随着社会的不断发展和进步，社会对人才的综合素养和知识能力提出了更高的要求，同时使高校的相关教学内容和模式也发生了改变。传统的专业人才培养已无法满足互联网形势下市场对人才的需求。如果还是以传统的理论讲授教学方式，学生对于工作环境的了解和掌握相对较弱，一定程度上会制约学生实操能力的提升。对此，高校的学生培养模式不仅要强调理论知识培养，还需要强化实践能力以及创新能力的提升。数字化经济发展背景下，教学内容需要基于专业技能培养，实现信息化能力提升，尤其是信息化技术的应用与实践能力提升。因此，对教学方式来说，可以划分为专业课和信息技术课两大类型，在具体的教学开展过程中，实现传

[①] 宋建华，田伟华. 新时代高职机电一体化专业学生"一线三度"工匠精神的培育[J]. 西部素质教育，2019，5（22）：84-85.

[②] 刘自团，李齐，尤伟."工匠精神"的要素谱系、生成逻辑与培育路径[J]. 东南学术，2020（4）：80-87.

统教学模式与现代化信息技术的融合，通过创新人才培养模式，提升人才培养的效果。

（四）技能与知识并重

在数字化时代，技能和知识是相辅相成的，二者缺一不可。数字工匠不仅需要掌握数字技能，如编程、数据分析、人工智能等，还需要具备相关的专业知识，如行业知识、管理知识等。只有技能与知识并重，才能更好地适应数字化时代的发展需求。

数字工匠的技能与知识并重是推动数字技术发展和应用的关键。数字工匠需要不断学习和提升自己的技能和知识水平，以适应不断变化的市场需求和技术趋势。同时，企业和社会各界也需要为数字工匠提供良好的学习和实践环境，以培养更多的优秀人才。

（五）理论与实践结合

数字工匠应该将理论学习与实践经验相结合，既要注重理论知识的学习，也要注重实践经验的积累。通过实践反思，可以更好地理解理论知识，并将理论知识应用到实际工作中。同时，实践经验也可以为理论学习提供有力的支撑，帮助数字工匠更好地掌握相关知识和技能。

数字工匠的理论和实践结合是推动数字技术和业务创新的重要保障。数字工匠需要不断学习和提升自己的技能和知识水平，积极实践和应用新的理论和方法。同时，企业和社会各界也需要为数字工匠提供良好的学习和实践环境，支持他们的成长和发展，实现更大的价值创造和社会进步。

（六）跨领域与跨界合作

随着各行各业的数字化转型，跨领域和跨界合作变得越来越重要。数字工匠应该积极拓展自己的视野，了解不同领域的知识和技能，并具备与不同领域的人才进行合作的能力。通过跨领域和跨界合作，可以更好地解决复杂问题，提高工作效率和质量。

跨领域与跨界合作可以拓展技术的应用领域，帮助解决复杂问题，打破行业壁垒，创新商业模式，提升影响力，为此需要数字工匠人才具备良好的沟通能力、广泛的知识储备、敏锐的市场洞察力、灵活的应变能力、强烈的合作意识。

跨领域与跨界合作对数字工匠来说具有重要意义。通过积极参与相关活动并不断提升自身能力，数字工匠能够拓展自己的发展空间，并为推动数字技术的发展和应用做出更大的贡献。

（七）改变单一的教学评价方式

改变单一的教学评价方式，建立具有高职特色的科学的考评机制。基于相关授课目标以及课程设施的变化，与之相对应的课程体系也需要进行调整和更新。对课程考核来说，除了传统的专业技能考评外，还需要综合考量职业能力以及创业能力考评。对职业能力来说，一般涉及任职资格、职业素质以及职业规划等内容，其中任职资格指的是职业的综合业务能力，职业素质指的是职场的综合表现，职业规划指的是对未来工作的规划以及管理等。对创业能力来说，主要考评的是学生的创业能力和水平，属于考评层次较高的一种维度。技工类院校在考评学生的学习效果时要凸显自己的特色和专长，不能套用学术类高校的考核方式。学生的理论学习要考核，但更重要的是对他们的动手实操能力、职场适应能力、创新创造能力进行合理的综合评价。工学一体化的教学模式只有在正确的评价反馈机制下才能更好地培养适应未来区域发展的数字工匠。同时，政府或者行业组织的各种技能竞赛也是评价和激励高素质人才的重要手段。特别是世界技能大赛、全国职业技能大赛等在技能人才评价上具有重大影响力的赛事对刺激高职院校人才培养有积极的作用。一些地方性技能竞赛或专项赛事也是技能人才鉴定的试金石。他们为数字工匠展示精湛技能、同台切磋技艺提供了舞台，展现了新时代数字工匠、高技能人才的风采。

二、构建数字工匠标准的原则

随着科技的快速发展和数字化转型的推动，企业和组织越来越需要具备专业技能和知识的数字工匠。数字工匠不仅需要掌握常用的编程语言和开发工具，还需要具备优秀的问题解决能力、团队合作精神、职业道德和持续学习能力。以下将详细介绍构建数字工匠标准的原则。

（一）技能与知识

作为数字工匠，首先需要具备扎实的技能和知识。这包括掌握常用的编程语言（如 Java、Python、JavaScript 等）、开发工具（如 Eclipse、IntelliJ IDEA、

Visual Studio Code 等）以及数据管理工具（如 MySQL、Oracle、SQL Server 等）。此外，数字工匠还需要了解软件开发的流程和方法，熟悉软件开发的各种模式（如 MVC、MVVM 等），以及掌握常用的设计模式和算法。

除了技术技能和知识外，数字工匠还需要具备面对客户的能力。他们需要了解客户需求，将客户需求转化为技术实现方案，并与团队成员进行有效的沟通和协作。

（二）问题解决能力

数字工匠需要具备优秀的问题解决能力。这包括分析问题、定位问题和解决问题的能力。在软件开发过程中，遇到问题是不可避免的。数字工匠需要能够快速、准确地分析问题原因，定位问题所在，并采取有效的措施解决问题。同时，他们还需要及时了解新技术和新趋势，不断优化自己的技能和知识结构，以适应不断变化的时代需求。

（三）团队合作

数字工匠通常需要与团队成员进行沟通和协作，共同完成项目。因此，他们需要具备团队合作能力和沟通协调能力。数字工匠需要尊重团队成员，积极与团队成员进行沟通，共同制订项目计划和方案，并按照计划有序地推进项目。同时，他们还需要具备跨部门协作的能力，能够与不同部门的人员进行有效的沟通和协作。

（四）职业道德

数字工匠需要具备高尚的职业道德。这包括尊重他人、保持诚信、承担责任等。在工作中，数字工匠需要遵守职业道德规范，不抄袭、不盗用他人的成果，不虚报工作业绩，并对自己的工作质量和效率负责。只有具备高尚的职业道德，数字工匠才能在激烈的市场竞争中获得更好的发展。

（五）持续学习

随着科技的不断发展和更新换代，数字工匠需要持续学习和更新自己的知识结构。他们需要了解最新的技术趋势和行业动态，掌握新的技能和知识，以适应不断变化的时代需求。同时，他们还需要积极参与各种技术交流和培训活动，与同行进行经验分享和学习交流，不断提高自己的综合素质，完善自己的职业形象。

总之，构建数字工匠标准的原则包含技能与知识、问题解决能力、团队合作、职业道德和持续学习等方面。只有具备这些素质和能力，数字工匠才能更好地适应数字化时代的需求，为企业和组织创造更多的价值。

第二节 数字工匠标准构建的国内外经验启示

一、国外数字工匠标准现状

数字素养是数字工匠在智能制造发展中利用一定信息技术手段和方法，快速有效发现并获取信息、评价信息、整合信息、交流信息的综合科学技能与文化素养，其中包括数字化意识、数字思维、数字技能和数字伦理等方面；数字工匠还要具备出众的创新能力，既能用先进生产技术和工艺实现数字化、智能化生产，又能以数据为支撑，创造性地改进工作方式；数字工匠应秉承一种对产品精益求精、对细节一丝不苟、对客户认真负责的工匠精神；在职业能力方面，数字工匠既需要掌握生产工艺、流程设计、制造技术和生产管理等方面的专业知识，又需要具备熟练操作设备、数据分析和决策预测等方面的技能，同时还需具备良好的职业道德和团队合作精神。

"德国制造"耳熟能详，提起"德国制造"，人们多会想到结实耐用且高品质的商品，这归根结底由于其追求极致、精准和专业的工匠精神。在国际享有如此地位离不开德国工匠的"工匠精神"，他们严谨，凡事追求极致。这种工匠精神的形成离不开德国双元制的教育体系。该种双元教育体系以法律为基础，为培育具有工匠精神的高质量、高技能人才发展提供了载体，引导工匠精神的稳步形成。"双元制"是一种职业培训模式，主要指要求参加培训的人员必须经由两个场所的培训。在"双元制"体系下，学生可以在校内和企业进行交替学习，体验不同的学习环境，在校学习基础的理论知识，在企业进行实操练习。这种体系很好地锻炼了学生的实践能力，将"做中学"和"学中做"紧密结合，更有利于学生工匠精神品质的形成。另外，德国职业教育中的基本职业精神——一丝不苟、按规程办事使德国高度重视培养学生严谨负责的态度，这为德国技能人才工匠精神的形成奠定基础。此外，德国政府注重用法律来为制造业工匠精神的培育提供保障。《联邦职业教育法》《联邦职业教育保障法》的先后颁布将工匠精神融于民众教育，为规范企业职业教育管理、促进市场主体的积极性、德国职业教育的长远发展以及工匠精神的培育奠定法律和制度基础。

二、国内数字工匠标准现状

2020年4月，人力资源和社会保障部发布的《新职业———人工智能工程技术人员就业景气现状分析报告》指出：我国人工智能人才存在较大"缺口"，预计到2025年人才缺口将突破1000万。[①] 高等职业教育肩负着为国家输送高素质技术技能人才的重要使命，承担着实现产业需求侧与人才供给侧紧密对接的重要任务。为培养人工智能产业需要的高素质应用型、复合型、创新型人才，我国部分高等职业院校在相关政策文件的指导下，与政府、行业、企业共同设立了人工智能领域产业学院，进一步深化产教融合与校企合作，开展了产业学院人工智能人才培养模式的实践探索。但在实际育人过程中，由于缺乏典型高职现代产业学院建设案例的指导，且受传统人才培养理念与方法的影响，面向人工智能产业集群的高职现代产业学院的人才培养大多仍处于初步探索阶段，尚未建成高效有序、深度融合的多元协同办学模式与管理机制，尚未形成与产业需求精准衔接的全方位人才培养体系，这制约了数字工匠高素质复合型人才培养目标的实现。

现有相关研究中，学者们面向不同产业或专业领域探究了数字工匠的能力需求和人才培养路径。在能力需求解析方面，王伟平提出了智能制造产业对数字工匠创新能力的具体需求，包括通用能力与基础技能、专业与核心制造能力和技术融合应用能力等三个维度。[②] 在人才培养路径研究方面，柏洪武等聚焦高职机械设计与制造专业构建了"学—做—创"数字工匠人才培养模式。[③] 周向

---

① 中华人民共和国人力资源和社会保障部．新职业：人工智能工程技术人员就业景气现状分析报告［EB/OL］．中华人民共和国人力资源和社会保障部，2020-04-30．
② 王伟平．智能制造背景下数字工匠的三维数字化创新能力需求研究［J］．华东科技，2022（12）：118-120．
③ 柏洪武，徐益，钟富平．数字工匠"学—做—创"人才培养模式构建与实施：以重庆工业职业技术学院机械设计与制造专业为例［J］．职业技术教育，2020，41（29）：24-28．

军通过建立"导师学长工作室"人才培养模式，培育高职数字媒体应用技术专业学生的工匠精神。已有研究充分体现了数字时代背景下工匠型人才培养的必要性。[①] 但目前鲜有研究关注在推动数字技术变革的人工智能产业领域中，数字工匠人才的能力需求和培养路径。

（一）江苏现状

实体经济是江苏的"看家本领"，数字经济是江苏转型发展的"关键增量"。2022 年，江苏省 GDP 迈上 12 万亿元新台阶，数字经济规模超 5 万亿元，物联网、工程机械和生物医药等 10 个集群获批国家先进制造业集群，数量居全国第一。促进现代产业体系高质量发展，不仅需要掌握核心技术的科研人员，也需要一大批掌握现代生产制造技术的产业工人，必须加快培养一支高素质、专业化、复合型的数字工匠人才队伍，为推进中国式现代化建设提供人才支撑。

为进一步了解数字化转型过程中江苏高技能人才队伍培养现状，本书课题组走访了与江苏省制造业优势产业链相关的企业、职业院校。通过座谈会、问卷调查和结构访谈等，深入了解数字化转型过程中江苏高技能人才培养的经验、问题，并提出对策建议。江苏优势产业链中数字工匠培养的特色亮点如下。

第一，构建数字人才的源头培养体系。为培育数字工匠，技工院校先行先试，初步建立数字化高技能人才培养路径。一是围绕产业发展设置专业，如常州技师学院新开设数字技能专业，并将数字化内容贯穿于所有专业的人才培养。二是围绕产教融合加强校企合作，如淮海技师学院成立首家数字产业学院，校企共同制订人才培养方案、设置专业课程、安排授课师资、组织实习实训、参与考核评价，校企参与率达 100%。三是围绕岗位需求共建共享实训基地，实现学院实习工位与企业生产岗位无缝对接。

第二，赋能数字平台的人才管理机制。一是使用智能招聘平台，如友达数位科技服务（苏州）有限公司开展人才数据库管理，通过大数据分析所在岗位的技能人才画像，实现人岗精准定位，靶向选才。二是开发智能培训平台，如华虹半导体（无锡）有限公司采用智能化培训，员工可一键获取对应机台的相关课程。三是推行"人人都是开发者"，如 SK 海力士半导体（中国）有限公司

[①] 周向军. 基于校企合作"导师学长工作室"培养高职学生工匠精神的路径研究：以高职院校数字媒体应用技术专业为例 [J]. 职业，2020（6）：65-67.

推进代码开发编程语言学习，提高员工数字技术能力，助力企业数字化转型。

　　第三，强化数字技能的人才激励导向。一是开展数字技能评价认定，如南通通州区围绕数字产业衍生的新职业、新技能、新工艺，支持企业结合生产经营特点和实际需要，自主开展数字技能人才评价。二是打造与时俱进的平台，如扬州市总工会聚焦数字经济发展，开展劳动和技能竞赛20多场，助推数字领域产业工人提升技能等级。三是落实"以技提薪"，如江苏中天科技股份有限公司将实行多年的"知识产权银行"写进集体合同，个人或集体的创新成果，除享受基本奖励外，还会以积分形式存入银行账户，兑换现金。

（二）浙江现状

　　以浙江省为例，为加快数字技术人才培养，助力数字经济创新提质，浙江省人力资源和社会保障厅和浙江省财政厅联合印发了《浙江省数字技术工程师培育项目实施方案》，提出以技术创新为核心，以数据赋能为关键，以国家职业标准为依据，以新职业培训教程为基础，分职业、分方向、分等级开展规范化培训、社会化评价，探索建立数字技术工程师认证制度。计划到2030年年末，围绕人工智能、物联网、大数据、云计算、数字化管理、智能制造、工业互联网、虚拟现实、区块链、集成电路等数字技术工程应用领域，培育数字技术工程师1万人以上。

　　该培养方案中明确指出，参与培训的学员可认定相应继续教育学时，作为年度考核、晋升和职称评定的重要依据；贯通专业技术职称，对参加数字技术工程师培育项目且符合浙江省职称申报评审条件的人员，可直接认定为相应等级的工程师；纳入职业技能提升行动"两目录一系统"，将相关培训机构和培训项目纳入本地职业技能培训机构目录和培训项目目录，将培训学员纳入职业技能培训实名制信息管理系统；完成规定的学时和内容，且取得培训合格证书和相应专业技术等级证书的人员，可按规定申领相应职业培训补贴；构建数字人才职称专业体系，打通各类数字经济领域技术人才职业成长通道。[①]

　　数字技术工程师既要掌握生产制造技术，又要掌握人工智能、大数据等数字技术。这就要求我们在设计培养方案时更加科学系统，培养综合能力更强的

[①] 浙江省人力资源和社会保障厅　浙江省财政厅关于印发《浙江省数字技术工程师培育项目实施方案》的通知［EB/OL］.浙江省人力资源和社会保障厅，2023-08-24.

复合型高技能人才，为数字经济发展发挥更大作用。例如，浙江省在培训智能制造工程技术人员时，培训机构针对培训人员设计了"1+X"培训课程体系，其中必选课程"1"为智能制造共性技术，方向课程"X"有4个，分别为智能装备与产线应用、装备与产线智能运维、智能装备与产线开发、智能生产管控。培训内容涵盖智能制造数字化生产全过程，同时培训机构需提供规定的实操设备供学员学习，通过实操考核检验学员学习成果，保证培训质量。

三、国内外数字工匠标准现状研究

（一）数字工匠定义与分类

数字工匠是指不但具有现代工业所需的技术技能，而且熟练掌握智能化、网络化技能，并且善于融合数字技术、改造提升传统产业的复合型技能人才。[①]这个定义体现了数字工匠将传统工业与数字技术融合创新，并且推动了产业转型升级。人力资源和社会保障部指出：数字工匠是支撑中国制造与创造的重要力量。党的二十大报告强调，教育、科技和人才是建设社会主义现代化国家的基础性、战略性支撑。[②]

数字工匠是指从事数字化相关工作的一类职业人员，他们具备专业技能和知识，能够利用数字技术工具和平台进行工作，并具备注重精益求精、持续改进的精神。数字工匠的分类可以根据其专业领域、工作职能、职业等级等方面进行划分。例如，软件工程师、数据分析师、数字艺术家等都可以被归类为数字工匠。

（二）数字工匠技能要求

数字工匠的技能要求主要包括技术、能力和素质三方面。技术方面包括熟练掌握各类数字工具和平台的使用方法，如编程语言、设计软件等，能力方面包括逻辑思维、创新思维、团队协作等，素质方面则包括职业操守、敬业精神、持续学习等。针对不同的职业领域和等级，数字工匠的技能要求也会有所不同。

（三）数字工匠职业素养

数字工匠的职业素养主要包括职业操守、敬业精神和团队协作等方面。职

[①] GRAMAZIO F, KOHLER M. Digital Materiality in Architecture [M]. Zurich：Lars Müller Publishers, 2008：10.

[②] 王宝友. 大力培养数字工匠推动数字中国建设 [EB/OL]. 中华人民共和国人力资源和社会保障部，2022-12-16.

业操守是数字工匠的基本道德准则，包括尊重知识产权、保护客户隐私等；敬业精神是数字工匠对工作认真负责的态度，体现为高质量完成任务、不断追求卓越等；团队协作则是数字工匠在工作中不可或缺的能力，需要具备沟通协调、团队管理等能力。

（四）数字工匠培训与认证

数字工匠的培训和认证是提高其技能水平和职业素养的重要途径，培训内容包括专业知识、技能操作、实践经验等方面；培训方式可以采取线上或线下教学、实际操作训练等。认证方面，一些国家和国际组织已经建立了数字工匠的职业认证体系，如计算机技术与软件专业技术资格（水平）考试（软考）等。此外，一些企业也建立了自己的认证体系，以提升员工技能和职业发展。

（五）数字工匠就业与发展

随着数字化进程的加速，数字工匠的就业前景非常广阔。他们的就业渠道广泛，包括各类企业、机构和组织等。数字工匠的职业发展也呈现出多元化趋势，他们可以在不同领域和岗位之间转换和发展。此外，数字工匠还需要具备持续学习的意识，因为技术的发展和更新速度很快，需要不断学习和提升自己的技能水平。

（六）数字工匠标准比较研究

不同国家和地区的数字工匠标准存在一定的差异和共性。在制定数字工匠标准时，需要考虑不同国家和地区的实际情况和需求，以制定出更加科学、合理、实用的标准，同时，也需要对不同标准进行比较和分析，找出其中的优缺点和改进方向，以推动数字工匠标准的不断完善和发展。

（七）数字工匠标准国际化发展

随着经济全球化和数字化进程的加速，数字工匠标准的国际化发展已经成为一种趋势。一些国际组织和国家已经开展了数字工匠标准的合作和交流，以推动标准的共享和统一。同时，也需要考虑不同国家和地区的文化差异和需求以制定出更加符合实际情况和需求的数字工匠标准，此外，还需要加强国际合作和交流，共同推动数字工匠标准的创新和发展。

四、国内外"数字标准"研究经验启示

随着数字化时代的到来，数字工匠成了备受关注的新兴职业，我们将从技能要求、职业素养、持续学习、团队合作、实践经验、创新思维、技术与商业结合、跨领域合作等方面，探讨数字工匠标准构建的国内外经验启示。

（一）技能要求

数字工匠应具备多方面的技能要求。首先，技术技能是数字工匠的核心能力，包括计算机编程、数据分析、人工智能、机器学习等领域的知识。其次，数据素养也是必不可少的，包括数据可视化、数据挖掘、数据清洗等方面的技能。再次，数字工匠还应具备算法思维和问题解决能力，能够运用算法解决实际问题。最后，良好的代码素养也是数字工匠的重要技能，包括代码可读性、可维护性、可扩展性等方面的能力。

（二）职业素养

数字工匠应具备高度的职业素养。首先，自我要求是职业素养的核心，包括对自身能力的不断提升和追求卓越的态度。其次，工作态度也是职业素养的重要方面，包括积极主动、认真负责、团队协作等方面。最后，沟通能力也是数字工匠必备的职业素养，与团队成员和其他利益相关者保持良好的沟通。

（三）持续学习

数字工匠应具备持续学习的能力。随着技术的不断更新和行业发展的快速变化，数字工匠需要不断学习新的知识和技能。首先，可以通过参加培训课程、在线学习平台等方式提升自身技能。其次，通过阅读行业最新动态和学术论文等途径了解行业最新动态。最后，参与开源项目和积累实践经验也是数字工匠自我提升的重要途径。

（四）团队合作

团队合作是数字工匠不可或缺的能力。在数字化时代，很多项目需要跨部门、跨领域合作，因此数字工匠需要与不同领域的专家进行合作。首先，要学会与团队成员有效沟通，明确各自的角色和职责。其次，要善于分配任务和协调资源，确保项目的顺利进行。最后，要保持及时和透明的沟通，确保团队成员之间的信息共享和协作效率。

（五）实践经验

实践经验是数字工匠积累的重要财富。通过实践经验，数字工匠可以不断验证和提升自己的技能和能力。首先，要寻找适合自己的实践机会，如参与开源项目、实践案例等。其次，要学会从实践中总结经验教训，不断优化自身的技能和知识结构。最后，将实践经验与理论相结合，形成自己的方法论和最佳实践路径也是数字工匠不断提升的重要途径。

（六）创新思维

创新思维是数字工匠的核心竞争力。在数字化时代，技术和商业模式的不断创新为数字工匠提供了广阔的发展空间。首先，要具备敏锐的洞察力，及时捕捉市场和行业的最新动态。其次，要善于发现问题和解决问题，通过创新的方法和思路解决实际问题。最后，要勇于尝试新的技术和商业模式，为团队和企业带来更多的创新价值。

（七）技术与商业结合

技术与商业结合是数字工匠的重要职责。数字工匠不仅要具备技术能力，还要了解市场需求和商业趋势，将技术与商业相结合。首先，要深入了解市场需求和用户痛点，为技术研发提供有力的依据。其次，要分析商业趋势和发展方向，为企业的战略决策提供数据支持。最后，要将技术应用于商业中，实现技术与市场的有效对接和价值转化。

（八）跨领域合作

跨领域合作是数字工匠面临的挑战和机遇。在数字化时代，很多项目需要跨领域合作才能实现最佳效果。首先，数字工匠需要与不同领域的专家进行合作，如产品经理、设计师、市场营销等。其次，要善于整合不同领域的想法和经验，实现跨领域的创新和发展。最后，要不断拓展自己的视野和知识面，为跨领域合作提供更多的思路和支持。

第三节 数字工匠标准制定的过程

一、数字工匠标准制定的过程

（一）成立数字工匠标准专家工作组

在计划开展数字工匠标准制定之初，本书课题组组建了一个数字工匠标准制定专家工作组，由来自不同部门、岗位的 3 位方法专家和 5 位内容专家（包括一线教师）组成专家工作组。其中，方法专家主要由熟悉高职人才培养专业标准制定流程和方法的专家组成，主要指导整个标准制定的过程；而内容专家主要是由长期从事职业院校教师教育方面的专家构成。专家工作组从整体上指导、安排、监控标准的制定过程和流程。

（二）数字工匠标准制定的四个阶段

在数字工匠标准正式研制阶段，课题组主要进行了如下四个大的阶段性工作。

1. 文献分析和调研阶段

先后召开两次研讨会，初步确定了调研的方式、对象、内容，设计了 4 份调查问卷，分别是《职业院校数字工匠标准调查问卷》（教师卷）、《职业院校数字工匠标准调查问卷》（管理者卷）、《职业院校数字工匠标准访谈提纲》（教师卷）、《职业院校数字工匠标准访谈提纲》（管理者卷），并在重庆市 26 所高职院校进行测试和修订，在此基础上基本确定《职业院校数字工匠标准》架构。

2. 编写《职业院校数字工匠标准》阶段

根据初步调研修订的《职业院校数字工匠标准》框架，借鉴美国等国家的相关专业标准，本书课题组进行了《职业院校数字工匠标准》的编制工作。

3. 修订《职业院校数字工匠标准》阶段

初稿编写出来之后，在第一时间发给专家组及部分中、高职院校，采用召开研讨会、电话交流等方式对标准初稿先后进行了数次修订。

4. 《职业院校数字工匠标准》完善和定稿阶段

在充分调研和征求意见的基础上，本书课题组对《职业院校数字工匠标准》初稿进行了反复修改，最后形成了数字工匠标准体系框架，共包括 6 个组成部分。

二、数字工匠标准制定的时间规划

由于《职业院校数字工匠标准》制定的时间跨度较大，且国内外并无相关经验借鉴，国家尚未发布任何的数字工匠标准，故项目将根据实际情况抓紧实施。

第四章　数字工匠标准体系

第一节　数字工匠标准体系内容架构

要确定数字工匠标准的内容架构，首先需要解决三个前提性的关键问题：一是数字工匠是什么背景下的重要需求？二是数字工匠在什么领域中培育？三是数字工匠以什么为目标进行培育？厘清以上问题内容，理清以上问题边界是确定数字工匠标准体系内容架构的核心。那么，数字工匠到底在什么背景下产生，在什么领域培育以及如何进行培育呢？笔者通过查阅相关资料进行认真研究，坚持系统观念，以标准化基本理论为基础，总结继承以往标准体系建设经验和成果，分类梳理数字工匠标准需求，与标准化技术组织相匹配，构建协调统一、系统完备、科学简明的数字工匠标准体系。

本标准采用两维主视角确定数字工匠标准体系架构。一维视角是培育数字工匠，促进产业数字化、数字产业化，助力数字经济高质量发展，需要建立数字技能人才队伍，探索人才队伍所具有的关键属性和关键要素；另一维视角是基于数字技能人才队伍的建设需要，依托企业数字化的大背景需求，探索企业数字化的关键属性和关键要素。从这两维视角出发，构建涵盖不同领域、不同层次的数字工匠标准体系。

数字工匠作为一种具有时代特征的需求，笔者认为，数字工匠标准理应包括如下关键属性和关键要素：以支撑数字经济高质量发展为目标，围绕履行数字工匠培育职责，按照"企业数字化"及"工匠数字化"两条主线，将理论逻辑与实践逻辑融入标准体系建立的全过程。

综合上述两维视角分析，再加上数字工匠认定与成长的内部动因与外部需求两方面因素，本标准应从内部与外部两维视角去建构数字工匠标准的内容。从内部动因的视角来看，"工匠数字化"包括"工匠角色数字化""工匠特征数字化""工匠技能数字化""工匠素养数字化"等，是数字工匠标准的内部动因结构；从外部需求视角来看，"企业数字化"包括"基础设施数字化""人才数字化""管理数字化""业务数字化""生态数字化""效益数字化"等，是数字工匠标准的外部需求结构。

第二节　数字工匠标准体系

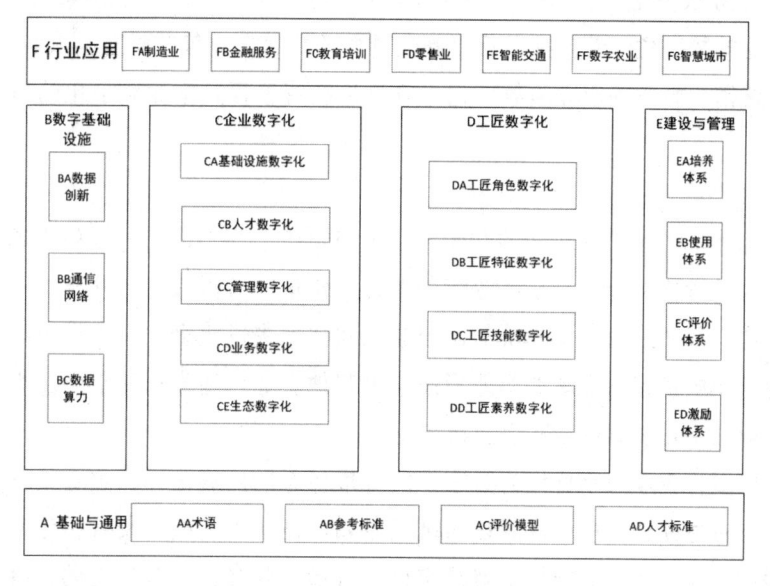

一、数字工匠标准体系结构

数字工匠标准体系结构包括 A 基础与通用、B 数字基础设施、C 企业数字化、D 工匠数字化、E 建设与管理、F 行业应用等六部分，主要反映标准体系的层级及各部分的组成关系。数字工匠标准体系结构图如图 4-1 所示。

图 4-1　数字工匠标准体系结构

该标准设计了"内部动因与外部需求"的数字工匠标准体系的具体内容，这些内容依据数字工匠所从事的工作领域方向不同、数字工匠的层次不同、数字工匠的专业不同和企业数字化的需求不同，呈现出不同的等级和程度的要求。因此，本标准仅对内容的纲要做简要说明。

（一）外部需求：企业数字化

1. 基础设施数字化

包括通信网络、物联网络、算力网络以及数字治理和系统安全等。数字化基础设施是企业数字化的支撑底座。

2. 人才数字化

在人才建设队伍中包括作业层、管理层、决策层，而数字工匠则是位于作业层中的工匠技能人才。数字化人才队伍是企业数字化中企业风貌的体现者。

3. 管理数字化

包括对企业整体的数字化治理，对企业财务板块的数字化治理，对企业风险实施数字化管控，对企业人力资源实施从传统向数字化治理的转变，对企业的办公方式实施数字化转变，对企业的企业文化实施数字化传播与发展。企业的数字化管理是企业数字化发展的组织支撑和文化赋能。

4. 业务数字化

企业的数字化经营包括经营业务全过程的数字化，包括研发、采购、制造、物流、营销、服务等业务的数字化。数字化经营工程是企业数字化的目标和主战场。

5. 生态数字化

生态体系实现要素之间的共生、互生与再生。其中，共生是企业之间围绕主导产业进行分工合作，在产业链条上分享价值，实现共生与共存的状态；互生是企业之间通过对外分享价值，企业之间彼此提供机会；再生是成熟企业通过提升产业质量，催生新的产业形态，为其他企业创造发展新空间。生态数字化是企业数字化发展的新赛道和新空间。

之所以将企业数字化作为数字工匠标准体系的内容之一，主要是基于以下的考虑。一方面，目前企业面临的挑战是如何把新兴的技术及时转化成企业新的竞争力，而一线的高级技工就是定位、打造、升级企业竞争力的关键。也就是说，企业的数字化转型需要数字技能人才，企业的数字化转型是数字技能人才培育的外部需求。另一方面，个人新的生产力非常重要的一个方向就是数字化，成为数字工匠，提升数字技能最快、最直接的方式就是投身企业数字化转型的进程中，企业数字化转型是打造建立数字工匠自身新的职业成长规划的重要载体，可实现自身与组织平台的共成长与共发展。

（二）内部动因：工匠数字化

1. 工匠角色数字化

数字化工匠的角色包括技术型数字工匠、知识型数字工匠、创新型数字工匠、责任型数字工匠。在实现从工匠向数字化工匠转变的过程中，首要的是角色认知的转变，只有在认知转变的基础上，才能实现行为和结果的转变。数字化的工匠角色是数字工匠队伍的指路灯与航向标。

2. 工匠特征数字化

包括生产工具数字化、工作场景数字化、人技关系数字化、生产方式数字化、思维模式数字化。数字化的工匠特征是检测技能人才是否真正实现数字化转变的试金石。

3. 工匠技能数字化

包括数字化理念认知能力、数字化工具应用能力、数字化场景应用能力等。数字化的工匠技能是实现工匠数字化转变的重要引擎。

4. 工匠素养数字化

包括数字知识、数字思维、数字技能、数字行动、数字成果、数字伦理。数字化的工匠素养是实现工具数字化转变的内生动力。

数字高级技能人才是企业数字化转型的群众基础，也是企业实现数字经济高质量发展的坚实底座。高技能人才是人才队伍中实践能力最强的一支队伍，高级技师又是高技能人才的优秀代表，是一线生产岗位技术革新、工艺改良、技能传承的"领头雁""排头兵"，对建设制造强国、数字强国具有不可或缺的重要作用。通过建设数字化人才队伍，形成"培养一个人、带动一批人，培养一个骨干、建强一个团队"的辐射效应，使得更多的劳动者迈进技能成才、数字成才的成长之路。

总之，突出强调数字工匠在工作生活中的数字素养、对职业的价值与对数字经济高质量发展价值的奉献，都是数字工匠标准体系的重要特征。在此特别说明，数字工匠标准体系的内容在本质上是一个动态开放的内容系统，随着时代与社会的发展,这个内容系统将不断发展、变化与完善,以切合时代发展的需求。当然,上述"内部动因与外部需求"的数字工匠标准体系内容的架构设计,仅是基于理论的一种应然状态,其合理性和实效性正经历实践的检验和修正。

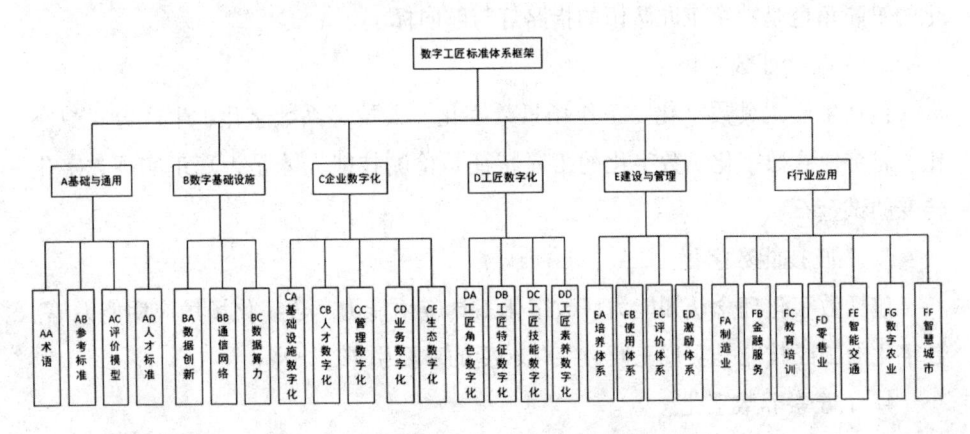

二、数字工匠标准体系框架

数字工匠标准体系框架由"A 基础与通用""B 数字基础设施""C 企业数字化""D 工匠数字化""E 建设与管理""F 行业应用"等六部分组成,如图4-2 所示。

图 4-2 数字工匠标准体系框架

需要说明的是,关于数字工匠标准体系内容架构的设计逻辑,本标准体系选择了"基础与通用""数字基础设施""企业数字化""工匠数字化""建设与管理""行业应用"等六部分来构建数字工匠标准体系,这六部分之间存在如下的逻辑关系。

"基础与通用"标准包括术语、参考标准、评价模型、人才标准等,主要是界定相关概念以及相近概念之间的关系,为其他部分标准的制定提供语言支撑。

"数字基础设施"标准是实现"企业数字化"与"工匠数字化"的基础支撑,涉及 5G、数据中心、云计算、人工智能、物联网、区块链等新一代信息通信技术,这些新一代信息通信技术引领企业数字化转型与工匠数字化培育,同时也为其他部分标准的制定提供硬件支撑。

"企业数字化"标准是从企业视角建立企业成功实现数字化转型目标的五大需求,同时也是五大难题。这一标准是现实世界的物理建设层面的数字化改造,是具有物理层导向性和动力性特征的因素。

"工匠数字化"标准是从技能人才视角建立技能人才成功实现向数字高级技能人才转变的目标需求,同时也是五大目标。这一标准是精神层面的数字化改造,包括思维、情感、意识、文化等非物质层面,是具有精神层导向性和动力性特征的因素。因此,这两个标准之间存在"物理—精神"的逻辑关系,同时这两个标准也是此标准体系中的核心内容,是整个标准体系的两翼。

"建设与管理"标准包括培养体系、使用体系、评价体系与激励体系等四个层面,是"企业数字化"标准、"工匠数字化"标准构建后基于实践视角对数字技能人才建设与管理的具体实践操作。因此,"企业数字化"标准、"工匠数字化"标准与"建设与管理"标准之间存在"理论—实践"的逻辑关系。

"行业应用"标准是此标准最终的落脚点。行业应用位于数字工匠标准体系的最顶层,面向行业具体需求,对前面模块进行具体细化和落地,指导在各个行业中推进数字工匠的认定、培育和发展工作。由于高技能人才、数字技能人才在每个行业领域中的应用情况是不同的,因而需要将此标准具体放在某一行业、领域进行区别与完善。

三、数字工匠标准体系建设内容

（一）基础与通用标准

主要包括术语、参考架构、人才、评价模型等标准。

1. 术语标准

主要统一数字工匠相关概念认识,形成数字工匠标准化工作的语言基础,为其他各部分标准的制定提供支撑,包括数字经济、数字技术、数字素养、数字能力、数字化转型等主要概念的定义、分类、相近概念之间的关系等。

> **专栏一　相关概念解读**
>
> 　　数字经济：以数字化的知识和信息为关键生产要素，以数字技术创新为驱动力，以现代信息网络为重要载体，通过数字技术与实体经济深度融合，不断提高传统产业数字化、智能化水平，加速重构经济发展与政府治理模式的新型经济形态。
>
> 　　数字技术：主要指互联网、大数据、云计算、人工智能、区块链等技术。
>
> 　　数字素养：根据网信办的定义，数字素养与技能指的是数字社会公民学习工作生活应具备的数字获取、制作、使用、评价、交互、分享、创新、安全保障、伦理道德等一系列素质与能力的集合。
>
> 　　数字能力：是数字经济时代企业（组织）的新型能力，也是数字化生存和发展的能力，是企业（组织）深化应用数字技术，灵活配置与整合内外部资源和条件，加速创新和转型，不断创造新价值的综合素养。
>
> 　　数字化转型：是指运用数字技术，通过数字化系统和平台的开发和应用，全面推进经营业务数字化。

2. 参考标准

参考标准主要是描述数字工匠培育的协作共同体、业务、管理、技术、数据、应用等组成要素，并规范各要素之间的关系，为在不同领域引进和培育数字工匠提供参考。

3. 人才标准

主要包括数字工匠的能力要求、能力培养和能力评价等标准。数字工匠能力要求包括综合能力、专业知识、技术技能、创新能力等。数字工匠能力培养包括培养形式、内容、教材、学时等。数字工匠能力评价包括评价内容和方法等。

4. 评价模型标准

主要规范数字工匠人才的培养、使用、评价、激励等要素，确保评价工作与环境需求、发展现状、未来趋势等相适应，评价方法与评价流程客观、公正、合理，以评价促建设，以评价促发展。

（二）数字基础设施标准

数字基础设施是以数据创新为驱动，以通信网络为基础，以数据算力设施为核心的基础设施体系。数据基础设施涉及5G、数据中心、云计算、人工智能、物联网、区块链等新一代信息通信技术，以及基于此类技术形成的各类数字设施、服务工作和生活的方方面面。

（1）数据创新标准

数据是新型生产要素的一种。主要规范数据的交易和共享，从数据的全环节、全流程来推动标准的建设，从数据流通的多路径探索多方共赢的数据流通新标准，打通数字基础设施的孤岛，形成数据的共享共通。

（2）通信网络设施标准

主要规范光纤网络的覆盖格局，建设集约共享的通信管道网络发展，推进5G网络发展，确立5G网络应用发展水平目标，明确重点领域5G网络应用深度和广度，如5G个人用户普及率、5G网络接入流量、重点行业5G示范应用率等，做好园区、校园、医疗、交通、楼宇及社区等场景的应用覆盖。如构建"设备数字化—车间数字化—工厂数字化—产业链数字化—生态数字化"范式，为企业数字化转型和数字经济新业态提供支撑。

（3）数据算力设施标准

数字经济是当前经济发展的新动能，算力网络是数字基础设施建设的核心载体。主要规范绿色数据中心建设，构建边缘计算、云计算、超算协同的多层次计算体系，建设存储多元、算力开放、算法多元的存储一体化基础设施。算力网络是按业务需求，在云网边端间按需分配和灵活调度计算、存储、网络资源的新型信息基础设施。随着社会对算力需求的激增，算网协同有力支撑企业"上云用数赋智"，云网和算网融合促进产业链互利共赢。

（三）企业数字化（物理建设层面的数字化改造）

数字化转型是支撑深化改革、构建新发展格局的必由之路。当前，建设数字中国，是要在《"十四五"数字经济发展规划》的基础上，进行产业数智化升级，进而影响整个社会形态。企业数字化包含信息化、网络化、智能化等。企业数字化转型的五个维度，分别是基础设施数字化、人才数字化、管理数字化、业务数字化、生态数字化。

图 4-3　企业数字化标准子体系

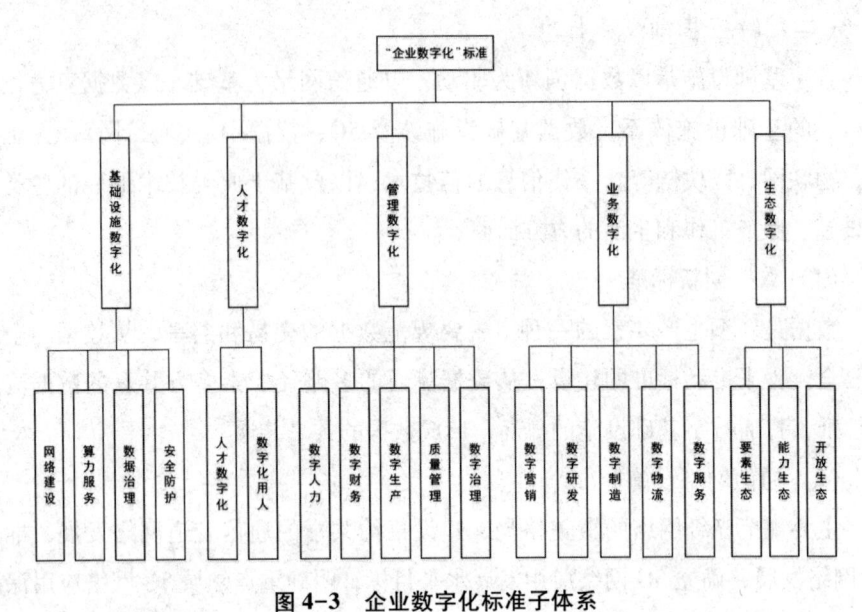

1. 基础设施数字化

基础设施数字化，即数字化基础设施建设，包括网络、通信、能源以及算力、数据和算法底盘。

（1）网络建设

网络建设重点加强网络质量、物联网设备的建设。

①网络质量建设要求

网络需要具备高速和稳定的特性，确保数据传输的效率和可靠性；

网络质量建设需要包括强大的网络安全设施，如防火墙、入侵检测系统、数据加密等，以保护企业的数据免受恶意攻击和降低数据泄露的风险；

网络质量需要具备良好的可扩展性，能够适用企业规模的变化和未来的发展；

网络质量需要具备使用不同应用和技术的能力，以确保各种应用能够正常运行并提供良好的用户体验；

网络质量建设需要包括有效的网络管理和监控系统，能够实时监测网络的运行状态和性能，及时发现和解决网络故障的问题，以保证网络的稳定性和可靠性；

网络质量需要关注用户体验的需求，包括网络的连接速度、响应时间、可用性等。

②物联网设备建设

物联网的核心技术包括传感器技术、无线传输技术、数据分析处理技术、上层业务解决方案、安全技术等。物联网主要解决人对物理世界的感知问题，要解决对物理对象的操控问题则必须进一步发展信息物理系统（Cyber-Physical Systems，CPS）。

不同类型的物联网设备需要具备兼容性和互操作性，能够无缝集成和协同工作，以实现数据的共享和交互；

物联网设备建设需要包括安全的通信协议和机制，以保护设备和数据免受潜在的攻击和威胁；

物联网设备建设需要设备的稳定运行，减少故障和停机时间，以保证数字化转型的顺利进行；

物联网设备要能够采集数据，还需要具备数据分析和处理能力，包括实时数据采集、数据存储和处理、数据分析与挖掘等功能，以提供有价值的数据支持企业的决策和业务优化；

物联网设备需要具备灵活性和可扩展性，能够适应不同的需求和规模的变化；

物联网设备需要包括有效的设备管理和监控系统，能够实时检测设备的运行状态和性能，及时发现和解决设备的故障和问题，以保证设备的稳定性和可靠性。

（2）算力服务

在企业数字化转型过程中，算力服务是一个重要的需求，尤其是涉及大数据处理、人工智能、机器学习等领域。算力服务重点加强云计算平台的建设。

算力服务需要提供高性能的计算能力，以支持大规模的数据处理和复杂计算任务的执行；

算力服务需要具备弹性和可扩展性，能够根据需求的变化快速调整计算资源的规模和配置；

算力服务需要提供灵活的计算模型，以支持不同类型的计算任务；

算力服务需要提供可靠的数据安全和隐私保护机制，确保数据在计算过程中的安全性和隐私性；

算力服务需要提供广泛的算法和模型支持，以满足企业的需求；

算力服务需要提供有效的管理和监控能力，以确保计算资源的稳定运行和性能优化，这包括计算资源的分配和调度、性能监控和故障排除等功能；

算力服务需要提供合理的价格和成本效益，以满足企业的预算和经济需求。

（3）数据治理

数据治理重点完善数据治理规划、提升数据治理能力、加强数据资产管理。

①数据治理规划

确定数据治理目标和策略。企业需要明确数据治理的目标和策略，包括数据质量管理、数据安全和隐私保护、数据集成和共享、数据可视化和分析等方面。

制订数据治理计划。企业需要制订具体的数据治理计划，包括数据治理流程、数据治理标准和规范、数据治理工具和技术等方面。

建立数据治理组织和团队。企业需要建立专门的数据治理组织和团队，负责数据治理的规划、实施和监督工作。

确定数据治理流程和责任。企业需要建立清晰的数据治理流程和责任体系，包括数据收集、存储、处理、共享和清理等环节的规范和责任分工。

建立数据治理文化。企业需要建立数据治理的文化和价值观，包括数据质量、数据安全和隐私保护、数据共享和开放等方面。

②提升数据治理能力

数据质量管理能力。企业需要提升数据质量管理能力，包括数据清洗、数据验证和数据标准化等方面。

数据安全和隐私保护能力。企业需要提升数据安全和隐私保护能力，包括访问控制、数据加密、数据脱敏和数据遮蔽等方面。

数据集成和共享能力。企业需要提升数据集成和共享能力，包括数据集成技术和数据共享平台等方面。

数据可视化和分析能力。企业需要提升数据可视化和分析能力，包括数据可视化工具和数据分析工具等方面。

数据治理流程和责任能力。企业需要提升数据治理流程和责任能力，包括数据治理流程和责任体系的规范和执行等方面。

③加强数据资产管理

确定数据资产。企业需要确定自身的数据资产，包括数据的类型、来源、价值和用途等方面。

建立数据资产清单。企业需要建立数据资产清单，包括数据的基本信息、数据的归属和使用情况等方面。

确定数据资产管理策略。企业需要确定数据资产管理的策略，包括数据的存储、备份、恢复和销毁等方面。

建立数据资产管理流程和责任体系。企业需要建立数据资产管理流程和责任体系，包括数据资产的管理流程、责任分工和执行等方面。

提升数据资产管理能力。企业需要提升数据资产管理能力，包括数据资产的管理工具和技术、数据资产的价值评估和优化等方面。

（4）安全防护

安全防护重点建设物理安全和信息安全。

2. 人才数字化

数字人才队伍的建设重点帮助企业全体员工通过学习、应用，掌握数字化知识技能，形成数字化理念方法，从而胜任数字化转型发展的人才培育过程。数字化人才队伍建设包括人才数字化和数字化用人。

（1）人才数字化

人才数字化企业需要拥有具备数字化技能和知识的人才，包括数据分析、人工智能、云计算、大数据等方面的技能。这些人才需要具备数字化工具和平台的使用能力，能够应用数字技术解决业务问题。

（2）数字化用人

企业需要根据数字化转型的需求，调整和优化人才结构，引进和培养具备数字化能力的人才。这包括招聘新的人才，也包括对现有员工进行培训和转岗。

> **专栏二　人才数字化建设重点**
>
> 　　数字化人才战略制定。企业重点制定数字化人才战略，明确数字化转型的人才需求和发展路径。这包括确定所需的数字化技能和知识，制订培养和吸引人才的计划，并与业务战略和目标相结合。
>
> 　　数字化人才培养。企业重点为现有员工提供数字化培训和学习机会，以提升他们的数字化能力。这可以通过内部培训、外部培训、在线学习等方式进行。
>
> 　　数字化人才管理。企业需要建立有效的数字化人才管理体系，包括人才招聘、绩效评估、职业发展等方面。这可以帮助企业更好地管理和发展数字化人才。
>
> 　　数字化人才激励。企业需要建立激励机制，以吸引和留住具备数字化能力的人才。这可能包括提供竞争性的薪酬待遇、晋升机会、项目奖励等。

3. 管理数字化

数字化管理创新是运用数字技术，通过数字化系统和平台的开发和应用，全面推进公司管理全要素、全场景的模式和方法创新，实现更高协同效率、更优服务输出。数字化管理创新包括从公司治理到办公后勤等管理全场景化的数字化。

（1）数字人力

具体建设任务包括人事在线、分工在线、绩效在线、分配在线。

（2）数字财务

具体建设任务包括财务管理、税务管理、资金管理、资产管理。

（3）数字生产

具体建设任务包括进度管理、状态管理、外协管理、完工管理。

（4）质量管理

具体建设任务包括来料检验、生产入库检验、发货检验、信息采集。

（5）数字治理

具体建设任务包括投资关系、战略管理、投资管理。

可以看出，数字化管理包括多方面，数字化的建设往往不是一蹴而就的，莽撞、粗暴的数字化改革往往会导致朝令夕改、半途而废。而能够确保数字化战略平稳运行的关键，还是"人"。

4. 业务数字化

数字化经营创新是运用数字技术，通过数字化系统和平台的开发和应用，全面推进经营业务全过程的模式和方法创新，实现更高效率、更低成本和更大效益。数字化经营创新包括营销、研发、制造、物流、服务等业务全过程的数字化。

（1）数字营销

具体建设任务包括网络营销、智能营销、订单管理、客户管理、品牌运营等内容。

（2）数字研发

具体建设任务包括产品智能化、产品定制化、服务定制化、研发在线化、设计协同化。

（3）数字制造

具体建设任务包括制程在线化、产能互联化、制造精细化、制造透明化。

（4）数字物流

具体建设任务包括采供智能化、交付透明化。

（5）数字服务

具体建设任务包括服务定制化、服务透明化。

需要说明的是，不同生命周期的企业，其业务数字化的目标是不同的，原因在于处于不同生命周期的企业发展阶段不同，企业的组织也会相应呈现不同的形态。初创期企业：流程简单、透明高效。成长期企业：拓展业务、降本增效。成熟期企业：运营精益、提升效率。蜕变期企业：拓展业务、生态共赢。

5. 生态数字化

数字化生态是指结合企业产业领域已经具备的资源、能力或市场地位优势，运用数字技术，通过数字系统和平台的开发和应用，打造内部生态共同体、外部生态协作体，实现扩大市场影响力和打造可持续发展新势能。数字化生态平台包括内、外部的资源和能力共享平台。

（1）要素生态

具体建设任务包括供应商信息共享、客户信息共享、数据共享平台、物资共享平台。

(2) 能力生态

具体建设任务包括商机协同平台、技术组件平台、数据分析平台、多方直通平台、智慧物流平台、供应链金融平台。

(3) 开放生态

具体建设任务包括产业互联网、消费互联网。

专栏三　生态数字化建设重点

提高参与意识和能力。首先，从理念层面认识到生态圈建设对于数字化转型的重要性和必要性；其次，从实践层面积极提高自身参与度，发挥自身的优势和特色，提供更多的价值和贡献；最后，是将意识和能力转化为实际参与的行动。

建立共赢机制和文化。一方面是基于生态圈共同的愿景和目标，建立公平合理的分配机制，实现多方利益协调和一致；另一方面是建立各方开放、包容、透明、协作的文化氛围，实现数据、资源和利益的畅通构想和交换。

拓展合作伙伴和范围。第一，寻求生态圈具有更多价值和互补性的合作伙伴，并建立持久的合作关系；第二，在生态圈内探索更广的合作领域。

（四）工匠数字化（数字化人才保障）

数字工匠是面向数字化转型过程中的企业全体员工的系统认知和技能。数字化转型的认知提升是面向全员的，特别是一线的技术骨干。应以"四新"（数字化新常识、数字化新技能、数字化新实践、数字化新标杆）为基础架构，强调新技能中的操作及模型演练，输出真正的数字化人才。

1. 工匠角色数字化标准

数字工匠角色标准主要包括知识型数字工匠、技能型数字工匠、创新型数字工匠、责任型数字工匠等标准。

（1）知识型数字工匠标准

在数字实践中，数字工匠利用数字思维对数字化信息进行处理。

具备扎实的专业知识，了解、解读数字化战略行动的能力；

具备跨学科、不同领域的知识，熟悉整个组织运营的能力；

具备计算思维、数字思维等综合思维能力。

通过以上能力，实现接收、存储、加工、输出数字化信息。

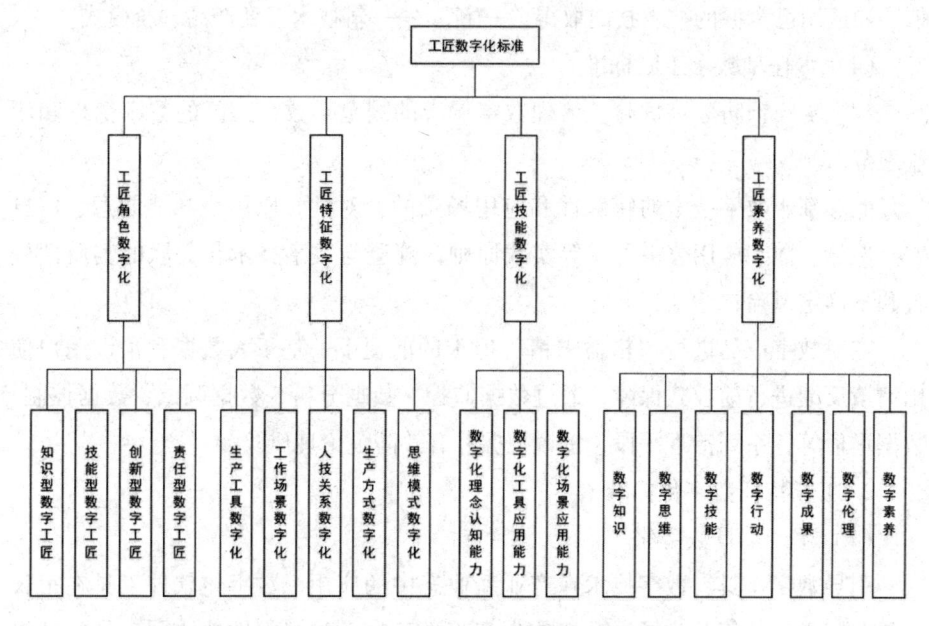

图 4-4 工匠数字化标准子体系

（2）技能型数字工匠标准

在数字劳动中，数字工匠利用现代化生产工具、数字工具进行数字化、智能化生产劳动，形成数字产品。

具备特定领域的专业技能，如数字挖掘技能、编程与网络开发技能；

具备丰富的实践经验，能够应用技能完成具体的工作任务，如数字营销等；

具备学习和适应新技术的能力，不断更新自己的技能知识，如人工智能与机器学习技能。

通过以上技能，实现产品设计、生产制造、经营管理、产品服务等数字化场景的水平提升。

（3）创新型数字工匠标准

在"数字+"集成创新特点下，数字工匠需要借助数字技术实现对传统产业的升级转型和业态创新，使企业能够以数字经济形态融入新发展格局。

具备运用数字技术进行创新应用的能力，能够结合实际需求，创造性应用数字化工具和技术解决问题，如借助数字技术实现对传统产业的升级转型和业态创新，使企业能够以数字发展形态融入新发展格局；

具备运用自己掌握的技术技能，在开展技术革新、技术改造等方面做出贡献,如运用已掌握的技术技能取得"三新"——新技术、新产品、新模式。

(4) 责任型数字工匠标准

数字工匠预防数字危险、治理数字侵害的规范,数字工匠的数字伦理和职业规范。

能够基于数字技术的特殊性和应用场景的针对性,以用户知情同意、信息安全保障、数字应用公平可及等实践原则,规避与数字技术相关联的实质性侵害和不确定风险;

在对数字产品进行"精益求精"追求的前提下,基于大数据和预设用户使用情境反馈进行前控式保障,通过数据监控、数据分析、数据调试、数据控制、数据增值等一系列治理手段,敏锐把握并有效防范伦理风险。

2. 工匠特征数字化标准

(1) 生产工具数字化

引导数字工具、数字技术在产业新业态中的应用。数字化软件工具在很长一段时间里,都仅是为了提升个体生产率而存在,与规模性地协同工作的效果还存在相当大的差距,而数字时代的数字生产方式应该是打破链接障碍,实现较大规模人员的协作办公,将数字工具转变为更先进的生产方式。今天合格的数字化工具的特征包括跨平台协同、数据共享、功能集成、功能同步等。当然,数字化工具要得到真正有效的使用,还需要数字化人才的努力。

(2) 工作场景数字化

工作场景数字化是指将传统工作流程、沟通方式和管理模式通过数字化技术进行改进和升级。同时,工作的条件也随之发生改变,新形成的工作条件有一套数字化的工作系统,实际上是一套应用软件,再加上数字个体、数字领导力以及敏捷团队,最终形成更加智能化、更协同、更高效的系统。

(3) 人技关系数字化

数字工匠与技能是协同、交互的关系。在数字经济快速发展的今天,数字化技术带给企业在应用和管理两方面巨大的挑战。除了企业的员工作为管理的对象,数字化技术也是被管理的对象,数字时代的对象是复杂的系统。因此,今天的人与技术协同、人与技能协同比以往任何时候都更融合、更紧密。人与技术的关系从传统的独立个体向今天和未来的融合整体演变,人技关系具有明显的数字化时代特征。

（4）生产方式数字化

主要是规范数字工匠生产方式的非标准化、个性化、定制化、柔性化特征。非标准化特征，即数字工匠的生产方式是不再依赖于传统的标准化流程和规范，而是根据具体需求，如客户的要求和市场的需求，灵活调整生产流程和工艺，进行个性化的生产。个性化特征、定制化特征，即依据客户要求，通过定制化的生产方式提供个性化的产品和服务，提供符合需求的定制化产品。

（5）思维模式数字化

主要是规范引导数字工匠具备以算法为中心的思维模式。

①创新思维

即具备开放创新的思维方式，主动寻找和应用新的数字技术和工具，不断改进和优化生产方式和工艺流程。

②数据驱动思维

注重数据的收集和分析，基于数据进行决策和优化，通过数据驱动的方法提高生产效率和产品质量。

③敏捷思维

快速适应变化和应对挑战的能力，灵活调整生产计划和工艺流程，及时响应市场需求和客户需求的变化。

④协作思维

具备良好的团队合作和沟通能力，能够与其他部门和团队紧密合作，共同推进数字化转型和升级。

⑤持续学习思维

具备不断学习和提升的意识，关注行业最新的数字化技术和趋势，积极参与培训和学习活动，不断提升自我的数字化技能和知识。

3. 工匠技能数字化标准

（1）数字化理念认知能力

从数据到大数据，从数据到信息，从信息到知识，这实际上都是对数据认知的变化。具体包括以下几点。

①理解数字化转型

能够理解数字化转型对企业和社会的重要性，包括数字化技术对商业模式、市场竞争力和组织管理的影响，以及数字化转型对企业未来发展的战略意义。

②具备数据意识

具备对数据的敏感性和理解能力，能够理解数据在数字化转型中的重要性，以及如何利用数据来决策、创新和发展业务。

(2) 数字化工具应用能力

随着企业在数字工具方面的探索与落地，后期主要就是数字技能人才对数字化工具的应用。在企业数字化转型的进程中，员工对数字化工具的有效使用能持续提升企业生产力。数字化工具并非知识狭义的套件工具，而是涉及全业务流程的生态系统，不同的应用场景承载不同形式的工具、系统或平台，不同行业的数字化工具使用具有行业特性，机构规模直接影响数字化工具的应用广度。

①用好数字化平台，提升决策能力

一般而言，数字化平台拥有大量的数据，那么如何用好数字化平台就需要数字技能员工具备数据采集、数据分析、数据管理等多项核心技能，使用智能算法用好数字化平台，提升企业智慧。

②用好数字办公系统，提升组织运营能力

办公系统是企业组织流程的连接器，那么，优秀的企业办公系统则是组织流程的高效连接器。第一，企业员工需要意识到数字办公系统带给员工自身的便捷性、高效性；第二，员工需要利用数字化手段去提升自己，将更好的数字化体验带给客户。

③用好数字化工具，促进研发协同

工具实现数字化升级的最终目的是促进企业的数字化转型升级与创造更高的效益价值，否则工具实现数字化将毫无意义。用好数字化工具能够为企业带来更加高效、精准、智能的管理方式，能够为企业的发展赋能。数字化管理工具能够帮助企业提高效率，如一些企业利用数字化管理系统实时监控企业的业务数据，及时发现问题，提高反应速度，促进研发协同。

(3) 数字化场景应用能力

①网络化能力

具体包括信息获取、观点发布、网络学习、网络社交、网络消费。

②智能化能力

具体包括操作数字设备、维护数字系统、提供数字服务、从事数字管理、进行数字设计。

③创造类能力

具体包括流程设计能力、程序编写能力、数据建模能力、算法创新能力、数字创作能力。

④与 AI 协同的能力

获取知识的能力。包括科学知识、社会知识、事件知识、数值知识、原型知识等。

创作作品的能力。包括生成文本方案、生成图像设计、生成音频作品、生成视频作品、生成代码视频等。

赋能运营能力。包括生成流程设计、生成商业方案、生成研发流程、生成营销策略、生成协同流程等。

4. 工匠素养数字化标准（设计数字化素养框架）

在以数字化、网络化、智能化为特征的信息化浪潮中，新一代技能人才必须了解数字素养的内容和标准以及能够正确考核评估数字素养。具体地，包括明确数字素养与技能评估的目的，引导数字素养与技能检测评估方案的创新性，规范数字素养与技能评估的范围。

专栏四　数字素养建设重点

数字素养与技能评估目的。瞄准技能人才素养和技能的现状，针对性制定政策，采用区域性措施、分技能的行动补齐短板，促进数字时代技能人才的发展。

数字素养与技能检测评估方案的创新性。评估方案需要结合国情、区域发展实况等因素具体制定测评方法。评估方法包括行为表现评估、基于知识测试的评估和调查问卷自评估。随着部门数据开放的推进以及大数据方法的兴起，发展以网络客观数据和已有官方统计数据为基础，配合抽样问卷调查的创新评估方案，构建出数字素养综合发展指数群，开展区域性及特定人群的试验性测评并进行优化纠偏，形成务实有效、业界认可、社会认同的测评体系。

数字素养与技能评估的范围。数字技术深刻影响着世界各国发展，而数字文明亦造福世界各国人民。数字素养评估的工作要制定国际上的交流互鉴，形成国际化的测评指标和依据。

(1) 数字知识

掌握数字化通用软硬件和运营知识；

掌握数字理论新常识——新趋势、新素养、新人才；

掌握数字技术新常识——新制造、新技术、新平台；

掌握数字应用新常识——新智能、新场景、新应用，如人工智能、智能监测、智能仓储、工业机器人、工业互联网标识解析、工业视觉、低代码开发、网络安全建设、元宇宙等方面的内容。

(2) 数字思维

数字思维是指建立数字化模型思维、本质思维和利众思维。

①数字化模型思维

能够利用数据和技术工具构建模型；

能够通过模型分析、预测和优化支持决策和解决问题。

②本质思维

能够深入思考问题的本质和关键要素；

能够帮助人们抓住问题的核心，避免陷入表面现象和表象思维。

③利众思维

能够吸纳和整合不同人的智慧和意见，达到更好的结果；

能够充分发挥群体的智慧和创造力，促进创新和共享，提高问题解决的效率和质量。

(3) 数字技能

数字技能是通过云计算、人工智能、物联网等信息通信技术，生产、获取、分析、传输信息，以解决复杂问题、确保数据安全等的能力、素养。根据数字技能使用和培养需求不同，可以将数字技能分为"数字专业技能"和"数字应用技能"两类。

①数字专业技能

数字专业技能主要是针对专业人员而言，指云计算、大数据、物联网、区块链、人工智能、5G通信等数字技术领域从业者需掌握的开发、分析、整合数字信息等的能力，具有复杂性和创新性。

②数字应用技能

数字应用技能主要是针对非专业人员而言，指社会大众在工作、生活中，使用各种电子设备获取、传输数字信息等的能力，具有基础性和普适性。

> 专栏五　"数字工具"技能建设重点
>
> 　　问题分析。目前，技能人才培养普遍存在以通用技能为主，专门技能特别是数字技能不足，以普通技能为主、高级技能不足等现象，必须抓紧解决高质量、高素质劳动力短缺的结构性矛盾，特别是破解数字技能人才的瓶颈制约。
>
> 　　数字技能培养标准。引导技能人才将数字化技术与自身业务结合，将传统工业与数字技术融合创新，推动产业转型升级，有效推进技能的数字化转型。把熟练掌握数字化知识、技术作为新时代产业工人的重要素质进行培养、塑造，把数字化应用中的融合创新能力作为新时代"大国工匠"的重要衡量标准。
>
> 　　高级技能培养标准。不仅要懂数字技术，还要了解整体公司的管理、某个专业和某个应用。

（4）数字行动

数字行动是指履行数字化经营、管理创新实践，通过采用数字化技术和方法实现数字化经营和管理创新，以应对市场变化和提高管理效率。

①数字化技术与手段应用

能够应用数字化技术与手段，包括人工智能、大数据、物联网、区块链和数字化营销等技术，支撑数字化经营和管理创新。

②数据管理和分析

能够对企业内部和外部数据收集、整合和分析，以获取经营管理方面的见解，优化决策和改进业务流程。

③制定数字化战略

能够制定企业数字化战略，建立数字化经营和管理的目标和指标，实现组织发展规划和业务扩展。

④提升数字化能力

能够制订数字化知识和技能培训计划，营造数字文化氛围，提高员工数字化素养和驾驭数字技术的能力。

⑤管控数字化风险

能够着重于信息安全、数据共享、隐私保护等风险的管理,以确保数字经营和管理的安全性和持续性。

(5) 数字成果

数字成果实现数字化要素创新和业绩成长。

①创新产生的商业价值

数字化经营和管理实践应促进新业务、新产品、新服务的推出,并产生更高的市场价值和业务增长。

具备良好的团队协作能力;

能够与业务团队、技术团队、管理团队进行有效沟通。

②成本降低与效率提升

通过数字技术和方法的应用,企业可降低其生产和经营成本,同时提升效率,以提高生产力。

③客户体验的优化

优化数字化经营可优化供应链、营销渠道和客户服务等关键业务流程,从而提高客户满意度和忠诚度。

④组织管理创新

通过数字化技术和方法,提供更有效的管理工具和资源,打破组织层级体系,加速决策并提高员工工作满意度。

⑤持续的创新进化

数字化经营和管理的优势是可持续,因为数字经营的本质是持续的创新和进化,不断完善和改善业务流程以此实现协同作业和生产经营过程的优化。

(6) 数字伦理

数字时代的工匠具备的数字伦理标准包括数据隐私和安全、透明和公正、社会责任、多元和包容、人工智能伦理。

①数据隐私和安全

数据隐私和安全主要是规范数字工匠收集和使用数据的行为。具体包括以下几点:

尊重用户的数据隐私;

合法、透明地收集和使用用户数据；

采用相应的安全措施保护用户数据安全。

②透明和公正

透明和公正主要是规范数字工匠提供数据的行为。具体包括以下几点：

提供真实、准确的信息，不故意误导用户；

遵循公平竞争的原则，不进行虚假宣传和不正当竞争。

③社会责任

社会责任主要是规范数字工匠的行为责任。具体包括以下几点。

对自身的行为责任。遵守责任道德和行为规范，保持良好的职业操守，不做违法、不道德的事情，保护个人隐私和数据安全，不滥用自己的技术能力。

对产品的行为责任。保证产品的质量和安全性，确保产品符合相关法规和标准，提供真实有效的产品信息，不误导用户，及时修复产品中的漏洞和问题，保护用户的利益和权益。

对环境的行为责任。关注环境保护，遵守环境法规和标准，减少数字产品和服务对环境的负面影响，推动绿色数字化发展，提倡可持续的数字技术和解决方案。

（7）数字素养

数字素养包括数字意识、计算思维、数字化学习与创新、数字社会责任，是应对数字化变革的铠甲和利刃。

为全面提升公民数字素养，近年来各国政府持续出台政策文本。新加坡通信和信息部2018年印发的《数字化就绪蓝图》，明确了包括信息管理能力、沟通能力、交易能力在内的公民基本数字技能框架，并在提升国民数字素养方面提出了开设数字技能课程、关注儿童与青年网络健康教育，以及提高公民信息和媒体素养以辨别网络虚假信息等具体举措。欧盟从2010年就开始制订培育全民数字素养和数字技能的战略规划，近年来又陆续出台一系列计划倡议，以落实持续提升欧洲公民数字素养的发展目标，如2017年发布的《欧盟教育工作者的数字胜任力框架》、2020年发布的《欧洲技能议程：促进可持续竞争力、社会公平和抗逆力》，以及《数字教育行动计划（2021—2027）》等。以《数字教育行动计划（2021—2027）》为例，这一计划的目标是，促使欧盟成员国的教育培训系统能够持续有效地适应数字时代，并提出了更新欧洲公民数字能力框架、建立数字教育中心、制定欧洲数字技能证书等具体措施。①

①数字意识

内化的数字敏感性、数字的真伪和价值，主动发现和利用真实、准确的数字的动机，在协同学习和工作中分享真实、科学、有效的数据，主动维护数据的安全。

②计算思维

分析问题和解决问题时，主动抽象问题、分解问题，构造解决问题的模型和算法，善用迭代和优化，并形成高效解决同类问题的范式。

③数字化学习与创新

在学习和生活中，积极利用丰富的数字化资源、广泛的数字化工具和泛在的数字化平台，开展探索和创新。它要求不仅将数字化资源、工具和平台用来提升学习的效率和生活的幸福感，还要将它们作为探索和创新的基础，不断养成探索和创新的思维习惯与工作习惯，确立探索和创新的目标、设计探索和创新的路线、完成实践探索和创新的过程、交流探索和创新的成果，从而逐步形成探索和创新的意识，积累探索和创新的动力，储备探索和创新的能力，同时形成团队精神。

④数字社会责任

形成正确的价值观、道德观、法治观，遵循数字伦理规范。在数字环境中，保持对国家的热爱、对法律的敬畏、对民族文化的认同、对科学的追求和热爱，主动维护国家安全和民族尊严，在各种数字场景中不伤害他人和社会，积极维护数字经济的健康发展秩序和生态。

---

① 薛新龙，岳云嵩．世界各国如何构建数字人才体系［N］．光明日报，2022-10-13（14）．

> 专栏六　数字素养建设重点
>
> 　　数字生存能力。会在日常生活中使用 App 进行购物、出行、社交、看病等操作；会根据需要浏览、检索、查询相关信息；会对自己的照片、视频等数字资产进行初步的整理、保存，防止丢失。随着我国数字化程度越来越高，数字生存能力将成为安身立命的根本。
>
> 　　数字安全能力。个人数据和隐私的保护；对网络谣言、电信诈骗、信息窃取等不法行为的辨别能力和安全防护技能；对游戏、短视频等的自控能力，防沉迷。数字世界，信息真假难辨，危险无处不在。数字安全能力不可或缺，人们需要保护自己的数字资产和物理资产不被侵害。
>
> 　　数字思维能力。利用数字技术提升数字生活体验和生活水平，如智慧家庭等；利用数字技术提升工作效率，如在线办公、数字渠道营销推广、远程医疗等；具备数据思维能力，能利用数据发现问题、找到原因，进行精准研判或对未来进行预测。数字思维能力有助于在未来遇到新问题时解决问题。
>
> 　　数字生产能力。数字内容创作（如短视频、社交媒体内容输出等），数字产品开发，数字解决方案集成等。数字生产能力指利用数字技术完成内容创作，帮助别人解决问题，提升自己或企业在数字世界的品牌和影响力。
>
> 　　数字创新能力。如果个人或企业在数字经济中要起到引领作用，需要具备数字创新能力，提出自己独特的观点，或在基础技术、开放平台、商业模式等方面具备独特的竞争力。

（五）建设与管理标准

技能人才的评价关乎人才的发展方向，而数字技能人才评价的数字化水平则决定着数字化转型方向的正确性和精确性。无论是技能人才评价的数字化转型，还是评价整体的数字化改革，聚焦信息网络、平台体系、数字资源、数字技术、创新应用和可信安全等方面的数字技能人才培育新基建无疑是企业、人才数字化改革和高质量发展的重要基础。

1. 培养体系

（1）构建数字人才的源头培养体系

源头培养体系以职业院校为基点，初步建立具有职业院校特色的数字化高技能人才培养路径。

围绕产业发展设置专业，特别是与数字技术相关的新专业的设置必须跟上产业发展的节奏，依据当前的新数字职业而设置专业；

围绕产教融合加强校企合作，学生进入企业，由企业导师带领进行岗位专业实训，使数字工匠的培育更贴近企业的需求；

围绕岗位需求共建共享实训基地，由政府牵头，协同教育部门、企业、高校、职业院校、技工学校等建立数字化实训基地，实训基地可以设置在企业或院校内，统一调度使用；

职业院校并联区域内龙头企业，加速建设数字工匠学院，培育出不同级别、不同层次、不同领域的专业化数字工匠人才。

（2）赋能数字平台的人才管理机制

把握数字发展的趋势，加快推进人才工作数字化转型，让数字赋能人才发展。

协同：构建开放互联协作平台。

赋能：构建共创共享人才赋能平台。

激活：聚焦人才生态与组织激活。

2. 使用体系（保障生产、制造、研发、流通、消费全链条）

数字化生产和制造。数字工匠应用数字化技术和工具，提高生产和制造过程的效率和质量。

数据分析和决策支持。数字工匠利用数据分析工具，对大量的数据进行处理和分析，提取有价值的信息和简介，为企业的决策提供支持。

数字化产品和服务开发。数字工匠可以参与数字化产品和服务的开发和创新。

数字化营销和客户关系管理。数字工匠应用数字化营销工具和技术与客户进行有效的沟通和互动，提升品牌的知名度，扩大市场份额。

数字化供应链和物流管理。数字工匠应用数字技术和工具，优化供应链和物流管理过程。

3. 评价体系

形成工匠数字画像系统，系统化、标准化实现数字工匠画像相关指标的构建，制定开发各类指标数据。

重点建设。数字工匠熟悉画像系统的构成，包括数字工匠数字信息系统、数字工匠素质能力发展系统、数字工匠成长预警系统。其中数字工匠数字信息系统包括基本信息、环境信息；数字工匠素质能力发展系统包括品德素养、文化素养、健康素养、数字素养；数字工匠成长预警系统包括能力预警、经济预警、健康预警等内容。

形成工匠数字评估检测系统，准确、系统地比较相关技能指标，开展有针对性的、面向未来的人才培养活动。

开发测试方法评估数字技能人才在逻辑、抽象、分析、创新思维上的认知技能，数字工匠根据评估结果与预期基准进行比较，企业根据对比结果提供预备课程，以弥补技能差距。

4. 激励体系

健全数字技能人才的激励体系，不断提高技能人才的经济地位和社会地位，鼓励青年人走技能成才、报能报国之路。

开展技能评价认定"数字技能"；

落实"以技提薪"提高薪酬待遇；

搭建技能竞赛平台，激励数字工匠脱颖而出。

（六）行业应用标准

数字工匠在各个行业领域都有广泛的应用和需求。以下是一些需要数字工匠的行业领域。

（1）制造业

我国政府组织实施了制造业信息化工程专项，推动设计数字化、制造装备数字化、生产过程数字化、管理数字化和企业数字化等方面的发展，数字化制造技术在我国已经取得大量应用：一是 CAD、CAPP、CAE、CAM 的推广应用，改变了传统的设计生产、制作模式，已经成为我国现代制造业发展的重要技术特征；二是 MRP、ERP 的推广应用；三是 CIMS 的推广应用；四是网络建设方面，近年来互联网技术的飞速发展，企业网络迅猛发展。围绕制造业数字化转型，实现数字技术与制造业的深度融合，建立技术人才队伍，健全人才培养机制，培养数字化生产、运营、管理等领域的复合型创新人才。

（2）金融服务业

数字技术在金融服务领域的应用涵盖了多方面，包括金融科技、数字支付、区块链、大数据分析、人工智能等，这些技术的应用可以提升金融服务的效率、安全性和便捷性，同时也为金融机构带来新的商业机会。而数字技能人才可以参与金融科技产品的研发和创新，包括智能投顾、数字化银行服务、支付科技、区块链等金融应用等。同时，数字高级技能人才能够利用大数据分析和人工智能技术，帮助金融机构进行风险管理、信用评估等，提高金融服务业的风险控制能力。数字高级技能人才能够在金融服务业领域积极发挥作用需建立数字人才队伍，依据数字化人才标准提升数字技能。

（3）教育培训领域

教育数字化转型是社会问题，需要把数据融入教育的全过程、全领域、全要素，通过融入使要素升级，与此同时，要素之间的关系也发生新的变化。教育数字化转型是教育信息化的一个阶段性特征，本质是数据赋能，结果是构建新的教育生态。数字工匠在教育领域中的应用体现在两方面：一方面，教育数字化转型院校需要具备数字工匠知识、技能、素养等要素的教师队伍；另一方面，数字工匠也是院校培养的对象，是院校在新时代特征下人才重点培养的方向。现代产业体系高质量发展，不仅需要掌握核心技术的科研人员，而且需要一大批掌握现代生产制造技术的产业工人，因而，要加快培养一支高素质、专业化、复合型的数字工匠人才队伍，为经济社会发展数字化转型提供强有力的人才支撑。

（4）零售业

数字技术将重新定义零售业，重新定义生产资料和一切。零售业因为数字科技发生着一场深刻而彻底的改变，无论是以线上零售为代表的电商，抑或以线下零售为代表的实体商超。数字科技对零售行业的改造更是一场由内而外的改造，而在这改造背景下，对于数字高级技能人才的需求是不可或缺的。零售行业在培养数字化人才的路径中，需要数字化管理人才、数字化应用人才和数字化技术人才。本标准主要探讨数字工匠，即数字化技术人才，针对零售业的数字化技术人才需要具备IT技能，包括熟悉运营管理系统、数据中台搭建、平台架构等技术，同时具备专业数据分析能力，包括对消费者、货品数据分析及预测，对供应链管理数据分析及预测等。

（5）智能交通领域

党的二十大报告指出，要加快建设交通强国。而在政策引领、技术推动的新时代背景下，数字交通正成为我国迈向交通强国的必经之路和发力重点。在数字交通发展过程中，数据是核心驱动力之一，也是智慧交通发展的关键要素。因此，数字交通的建设依赖"数据大脑"的打造。数字工匠在参与数字交通建设过程中，要具备数字化转型和数据资源开发利用等理论知识，同时要具备数据治理、数据应用、数据管理等实操技能，以及深耕细作的匠心，践行责任担当，赋能交通数字化转型，为赋能数字交通高质量发展注入新动能。

（6）数字农业领域

数字农业是国家"十四五"规划的重点发展领域之一，是我国由农业大国迈向农业强国的必经之路，也是国家"互联网+"战略的重要组成部分。在数字化转型的时代浪潮中，用数字经济赋能现代农业，全面助力乡村振兴，加快推进农业农村现代化发展。在"数字农业"发展进程中，"新农人"不断探索着如何推进高质量生产、销售及监管的数字技术应用。这些人是拥有数字经济理念和数字技术的"新农人"，是将工匠精神与数字化、现代化相结合投身乡村振兴的数字工匠。

（7）智慧城市建设领域

智慧城市是指应用先进的数字技术和网络技术，对城市基础设施、公共服务、市民生活等方面进行高效、智能的管理和优化，以提高城市人民的生活水平。未来的城市发展将是"城市+AI"的发展，城市将用 AI 提升自身的竞争力，通过建设数字政务、数字经济、数字文化、数字社会、数字生态重塑"数字城市"，通过建立大模型，和美食、消费、健康等各个民生领域重塑"以人为本"。目标的实现需要依靠算力创新、数据创新、模型创新、场景创新等四大创新，依靠数字领域的高级数字技能人才为四大创新赋能发展，为智慧城市的建设注入新动能。

需要注意的是，随着数字化转型的推进，几乎所有行业领域都会对数字工匠有一定的需求，因为数字工匠能够帮助企业和组织实现数字化转型，提高效率、降低成本、提升竞争力。

第三节 标准体系构建特色分析

一、强调数字工匠的数字素养

数字工匠的数字素养是数字工匠在数字化改造传统行业导致岗位技能发生变化的进程中应该具备的核心素养，包括数字知识、数字思维、数字技能、数字行动、数字成果。一般而言，是否具备与体现数字素养是衡量工匠向数字化工匠转换、人才向数字化人才转换的重要标准之一；数字素养是数字工匠所具备的知识和技能的外在体现，同时也是对数字工匠的内在要求。需要说明的是，此处并没有采用"数字工匠职业道德"这一术语，是基于如下原因：第一，当前正处于数字时代的浪潮中，在数字工匠认定与成长的过程中，从传统职业道德向数字素养的转换已成为一种必然的趋势；第二，职业道德更侧重于职业领域中的道德选择和行为，关注的是职业行为道德性质和对他人的影响，而素养更广泛，更注重个体在职业领域中的综合素质和发展，关注的是个体的职业能力和素养提升。基于此，"数字工匠职业道德"侧重关注技能人才内心的道德选择以及相应的行为活动层面，而数字工匠的数字素养则更关注数字工匠综合素质，尤其是与数字相关的综合素质。此外，我们还着重强调了数字素养中的数字伦理。数字化转型或将进一步拓展人类的认知空间和认知方式，深刻改变着人们的思维方式和行为方式。然而，数字化世界中的人或物呈现出"虚拟性"和"脱域性"的特征，该特征将引发数字世界的伦理问题。因此，在数字素养中需要着重强调数字伦理，基于个体层面和社会层面视角的分析，从理论层面，包括延续科技伦理的批判性思维传统，在理论与实践中嵌入哲学；从实践层面，包括扎实推进数据和信息保护，完善国家行业企业各层面的法律与行为准则和规范标准等方式，建构和完善数字世界的伦理秩序。

二、搭建"帮助技能人才向数字技能人才角色转换"的成长摇篮

数字工匠的培育一方面需要依靠人才队伍的建设，另一方面则需要让技能人才投身于正进行数字化转型的企业之中，搭建起技能人才向数字技能人才角色转换的成长摇篮。在数字工匠标准结构中，数字工匠角色、数字素养都静态规定了数字工匠"应然"状态上应该具备的专业素养，而从技能人才角度来讲，真正能够快速提升技能以适应数字时代要求的方式，是将需要转型的技能人才投入也需要数字化转型的企业之中，投入接轨数字时代发展的职业院校和继续教育学校之中，帮助技能人才实现从传统向数字的转换和过渡，这是职业教育的出发点和落脚点，也是企业最终真正的需要。因此，数字化转型的企业、提供终身学习的院校帮助技能人才应对职业生涯转变和发展，更好地适应数字时代的需求，这是数字工匠标准体系中的重要板块之一。

三、凸显数字工匠基于情境的个人实践性知识

关于实践性知识，研究者陈向明认为，"实践性知识包括数字技能人才在工作学习中实际使用和表现出来的知识（包括显性知识和理论知识），除了行业知识、情境知识、案例知识、策略知识、学习者知识、自我知识、隐喻和映像等，还包括数字技能人才对数字理论知识的理解、解释、运用原则，这是数字技能人才真正需要的，在日常工作中实际使用的理论，决定着数字技能人才的思想和行为，体现在高技能人才的日常工作中"。显然，这种"实践性知识"个体无法通过常规意义上的学习方式获得（如课堂学习、阅读、听讲座等），而只能通过个体自我实践、体验、行动才能获得。基于此，我们提出的"基于情境的实践性知识"主要是数字技能人才在推进企业数字化转型过程中探究而获得的，与数字技术应用密切联系的实践经验，是解决所处情境问题的功能性知识。可以说，这种知识源于数字技能人才的专业生活和体验，并且在具体工作情境中得以应用和修正。之所以强调这种知识，最根本的原因是，数字技术时代所运用的知识、所使用的工具、所需要的技能与传统时代完全不同，数字时代的一个关键问题是，如何把数字知识运用到一个具体的职业领域。因此，对于技能人才，特别是数字技能人才，最重要的是具有情境性的个人实践知识。

第四节 标准体系适用性分析

对于适用与数字工匠相关研究和培育的现行标准，如企业数字化、产业数字化、数字化产业等，政府机构、社会组织、企事业单位、职业院校等可根据实际需求选择采用。在数字工匠培育过程中，相关主体可通过国家标准或行业标准规范建设与实施的各个环节，实现数字工匠培育和发展，总结数字工匠培育经验和路径，进一步提炼形成标准应用的示范案例，并可申请在数字化技术广泛应用的国家进行宣贯，拓宽相关标准应用范围。同时，数字工匠标准对于企业实现数字化转型也具有重要指导作用。

一、政府适用性

（一）把握数字技能人才工作正确方向

习近平总书记多次对新时代技能人才培养工作做出重要指示，强调"我国工人阶级和广大劳动群众要大力弘扬劳模精神、劳动精神、工匠精神，适应当今世界科技革命和产业变革的需要"[①]。当今时代是数字经济时代，要打造一支爱党报国、敬业奉献、技艺精湛、素质优良、规模宏大、结构合理的数字高技能人才队伍，需要政府把握数字技能人才工作的正确方向，可以根据数字工匠标准中的"企业数字化""工匠数字化"的具体需求，为培养具有数字化技能的高水平人才提供参考遵循。

（二）引导政府部门进行数字化转型与数字化服务

数字工匠的标准体系主要面向制造企业，但其中的一些标准和规范也适用于政府部门的数字化转型和数字化服务。

1. 数字化服务

政府部门在数字化转型方面主要体现在数字化服务方面，如电子政务、数字化公共服务等。数字工匠标准体系中的数字化服务标准和规范可以为政府部

---

① 习近平致首届大国工匠创新交流大会的贺信 [EB/OL]. 人民网，2022-04-27.

门提供参考，帮助其优化数字化服务流程，提高服务效率和质量。

2. 数字化管理

政府部门在数字化转型方面也需要进行数字化管理，如数字化档案管理、数字化会议管理等。数字工匠标准体系中的数字化管理标准和规范可以为政府部门提供参考，帮助其优化数字化管理流程，提高管理效率和质量。

3. 数字化安全

政府部门在数字化转型方面还需要重视数字化安全问题，如信息安全、网络安全等。数字工匠标准体系中的数字化安全标准和规范可以为政府部门提供参考，帮助其确保数字化安全，防范信息泄露和网络攻击等风险。

二、企业适用性

企业成功实现数字化转型一方面需要强有力的数字基础设施，另一方面需要高质量的数字人才队伍，尤其是高质量的数字工匠队伍。企业可以根据数字工匠标准中的"数字基础设施"标准建立完善适合企业数字化转型需求的数字基础设施，根据"企业数字化"实现基础设施数字化、人才数字化、管理数字化、生态数字化，根据"工匠数字化"的具体需求将数字工匠的培养真正实现落地成长。

三、行业适用性

（一）打造数字工匠职业成长新渠道

技能竞赛是评价和激励高技能人才的重要手段。在完善以世界技能大赛为引领、以全国职业技能大赛为龙头、以全国行业和地方各级职业技能竞赛以及专项赛为基础的中国特色职业技能竞赛体系的过程中，可以根据"企业数字化"的具体需求探索构建适合评价和激励数字高技能人才的竞赛模式，展示数字工匠的精湛技能与技艺，打造数字工匠职业成长新渠道，展现新时代数字工匠风采。

（二）促进企业真正实现降本、提质、增效

数字工匠标准体系适用于各种与制造业相关的行业，包括但不限于机械制造、汽车制造、电子制造、航空航天、医疗器械、化工等行业。这些行业都可

以从数字工匠标准体系中获益，因为数字工匠标准体系涵盖了智能制造和数字化转型的多方面，可以帮助企业提高生产效率、产品质量和竞争力。

四、院校适用性

（一）布局数字工匠培养新举措

院校是数字工匠培养的重要阵地。要发挥职业学校培养高技能人才的基础性作用，在技工院校中普遍推行工学一体化技能人才培养模式。院校在培养数字工匠中可以根据数字工匠标准体系中"工匠数字化"标准，有重点、有针对性地为培养数字工匠提供重要基础。

（二）优化职业院校新方式

数字工匠标准体系对职业院校的适用性非常高，因为它可以帮助职业院校培养符合市场需求的数字化人才，提高学生的职业竞争力。具体来说，数字工匠标准体系适用于职业院校的多方面。

1. 课程设置

数字工匠标准体系中的相关标准和规范可以帮助职业院校优化课程设置，加强数字化技能和智能制造能力的培养，提高学生的就业竞争力。

2. 教学方法

标准体系中的数字化教学相关标准和规范可以帮助职业院校改善教学方法，采用数字化教学手段，提高教学效果，优化学生的学习体验。

3. 实训设备

标准体系中的数字化实训设备相关标准和规范可以帮助职业院校建设数字化实训设备，提供更加真实的实践环境，让学生更好地掌握实际工作技能。

4. 师资队伍

标准体系中的数字化人才培养相关标准和规范可以帮助职业院校建设数字化人才队伍，提高教师的数字化技能和智能制造能力，为学生提供更好的教学服务。

第五章　高职院校数字工匠标准的实施路径

第一节　实施主体的价值认同

随着科技的不断发展，数字化已经成为各行各业的发展趋势。在这个过程中，数字工匠作为实施主体，扮演着至关重要的角色。他们通过运用先进的技术和方法，为企业和个人提供高质量的数字化解决方案，推动社会的进步和发展。然而，数字工匠在实施过程中也面临着诸多挑战。一方面，他们需要不断学习和掌握新的技能和知识，以适应不断变化的技术环境。另一方面，他们还需要与客户保持良好的沟通，了解客户的需求和期望，以便为客户提供最佳的服务。为了应对这些挑战，数字工匠需要建立自己的价值认同。这意味着他们需要明确自己的职业目标和价值观，并为之努力奋斗。只有这样，他们才能在激烈的竞争中脱颖而出，实现自己的职业发展。因此，数字工匠实施主体的价值认同对于他们的职业发展具有重要意义。它不仅能够帮助他们更好地应对职业挑战，还能够为他们赢得客户的信任和支持。我们应该积极支持和鼓励数字工匠建立自己的价值认同，为推动社会的进步和发展做出更大的贡献。

一、数字工匠价值认同的内涵

数字工匠价值认同是指数字工匠在从事数字技术应用、研发、推广等工作中，对自身职业角色、职业价值、职业发展等方面的认知、认同和追求。它包括以下几方面。

职业认知。数字工匠对自己所从事的职业性质、工作内容、行业发展趋势等方面的了解和认识。

职业价值。数字工匠对自己所从事的职业在社会、经济和文化等方面的价值和意义的认识和认同。

职业发展。数字工匠对自己职业发展的规划、成长路径和晋升机会等方面的认知和追求。

二、数字工匠的价值认同现状

数字工匠价值认同是指对数字技术、数据科学和人工智能等领域的专业人才的认可和尊重。随着科技的飞速发展，数字工匠已经成为当今社会不可或缺的一部分。然而，在现实中，数字工匠的价值认同仍然存在一些问题。

首先，数字工匠的社会地位尚未得到充分认可。尽管数字技术在各行各业的应用越来越广泛，但许多人仍然认为这些工作缺乏稳定性和发展前景。此外，由于数字工匠的工作往往涉及高度专业化的技能，这使得他们在职场上的地位相对较低。

其次，数字工匠的职业发展路径尚不明确。由于数字技术领域的快速发展，许多从业者面临着技能更新的压力。然而，目前市场上针对数字工匠的职业培训和发展机会相对较少，这使得他们在职业发展上面临一定的困境。

最后，数字工匠的薪酬待遇普遍不高。虽然数字技术行业的薪资水平相对较高，但这一优势并未完全体现在数字工匠身上。许多企业为了降低成本，往往会压缩数字工匠的薪酬待遇。这使得许多优秀的数字工匠选择离开这个行业，转向其他更有发展前景的领域。

三、数字工匠价值认同存在的问题

（一）社会对数字工匠的认知度不高

虽然数字工匠在各行各业中发挥着重要作用，但社会对他们的认知度并不高。许多人对数字工匠的概念和作用了解不足，甚至将其与普通工人等同对待。这种认知偏差导致数字工匠的地位和价值得不到充分体现，影响了他们的职业发展和社会地位。

（二）企业对数字工匠的重视程度不够

在当前的企业环境中，许多企业对数字工匠的重视程度不够。一方面，企业在招聘和选拔人才时，往往更注重学历和经验，而忽视了数字工匠的技能和能力。另一方面，企业在培训和发展人才时，也很少将数字工匠纳入重点培养对象。这种状况导致数字工匠在企业中的地位较低，难以发挥其应有的作用。

（三）数字工匠自身价值认同感不强

由于社会和企业对数字工匠的认知和重视程度不够，许多数字工匠对自身的价值认同感也不强。他们往往认为自己的工作只是简单的技术操作，缺乏创新性和挑战性。这种心态导致数字工匠缺乏持续学习和进步的动力，影响了他们的职业发展。

（四）数字工匠对职业的认知不足

一些数字工匠对自身职业性质、工作内容、行业发展趋势等方面的了解和认识不够深入，缺乏对职业发展的清晰规划和目标。在职业价值认同度上，部分数字工匠认为自己所从事的职业在社会、经济和文化等方面的价值和意义不大，对职业的荣誉感和归属感不足。自己的职业发展路径和晋升机会不够清晰，缺乏明确的职业发展目标。

（五）数字工匠的工作环境亟待改善

由于数字技术领域的工作往往需要长时间的专注和高强度的脑力劳动，因此，数字工匠的工作压力较大。然而，目前许多企业在为数字工匠提供良好的工作环境方面做得还不够。

四、提高数字工匠价值认同的建议

一方面，数字工匠实施主体对项目或与之相关的价值观、目标、意义、影响等方面有较高的认可和接受度时，他们会更加积极地参与项目，并与其他团队成员、导师、企业等合作，共同推动项目的进展和实施。另一方面，数字工匠实施主体认识到自己在项目中的重要作用和价值时，他们会更加积极地承担责任，尽职尽责地完成自己的任务，并与其他团队成员密切合作，共同推动项目的成功。因此，为了实现数字工匠实施主体的价值认同，需要采取以下措施。

（一）加强数字工匠的宣传和推广

要提高数字工匠的价值认同度，一方面，要加强对数字工匠的宣传和推广。政府、企业和媒体应该加大对数字工匠的宣传力度，让更多的人了解数字工匠的概念、作用和价值。另一方面，还可以通过举办各类技能大赛、展览等活动，展示数字工匠的专业技能和成果，提高社会对数字工匠的认知度。

加强对数字工匠的职业认知教育，提高他们对自身职业性质、工作内容、行业发展趋势等方面的了解和认识。同时，引导数字工匠树立正确的职业观念和职业发展目标。

（二）提高企业对数字工匠的重视程度

企业是数字工匠的主要就业场所，提高企业对数字工匠的重视程度，对于提高数字工匠的价值认同度具有重要意义。企业应该将数字工匠纳入人才培养和选拔的重点对象，为他们提供良好的工作环境和发展空间。同时，企业还应该加大对数字工匠的培训力度，提高他们的技能水平和综合素质。

（三）建立完善的激励机制

激励机制是提高数字工匠价值认同的重要途径。政府和企业应该建立完善的激励机制，对数字工匠的工作成果给予充分的肯定和奖励。此外，还可以通过设立专门的技能等级制度，为数字工匠提供晋升和发展的机会。这些激励措施可以激发数字工匠的工作积极性和创新能力，提高他们的职业满意度和价值认同感。

（四）加强政策支持和引导

政府在推动数字化进程中发挥着关键作用。为了提高数字工匠的价值认同度，政府应该加强对数字工匠的政策支持和引导。首先，政府应该制定相应的政策，明确数字工匠的地位和作用，为数字工匠的发展提供政策保障。其次，政府还应该加大对数字化技术的研发投入力度，推动数字化技术的创新和发展。最后，政府还应该加强对数字化人才的培养和引进，为数字化进程提供人才支持。

（五）建立健全的数字工匠培训体系

为了提高数字工匠的技能水平和综合素质，政府和企业应该建立健全的数字工匠培训体系。首先，政府应该加大对数字化技术培训的投入力度，为数字工匠提供免费或低成本的培训机会。其次，企业应该根据自身的需求，制订针对性的培训计划，为员工提供个性化的培训服务。最后，政府和企业还可以通过合作办学、远程教育等方式，拓宽培训渠道，增强培训效果。

（六）加强数字化技术的交流和合作

数字化技术的发展离不开国与国间的交流和合作。为了提高数字工匠的价值认同度，政府和企业应该加强数字化技术的交流和合作。首先，政府应该积极参与国际数字化技术的交流活动，引进先进的技术和理念。其次，企业应该加强与国际同行的合作，共同研发数字化技术，提高技术水平。最后，政府和企业还可以通过举办国际数字化技术论坛、展览等活动，展示我国数字化技术的成果，提高国际地位和影响力。

（七）建立数字化技术的评价体系

为了提高数字工匠的价值认同度，政府和企业应该建立数字化技术的评价体系。首先，政府应该制定数字化技术的评价标准和方法，为数字化技术的发展提供评价依据。其次，企业应该根据评价结果，调整数字化技术的研发方向和策略。最后，政府和企业还可以通过评价体系，对优秀的数字工匠进行表彰和奖励，激发其数字化技术的创新和发展。

（八）建立数字化技术的监督和管理机制

为了确保数字化技术的健康发展，政府和企业应该建立数字化技术的监督和管理机制。首先，政府应该加大对数字化技术的监管力度，确保数字化技术的合规性和安全性。其次，企业应该建立健全的数字化技术管理制度，规范数字化技术的研发和应用。最后，政府和企业还可以通过建立数字化技术的信用体系，对不良行为进行约束和惩戒。

（九）提高数字工匠自身的价值认同感

提高数字工匠自身的价值认同感，是提高整个行业价值认同度的基础。数字工匠应该树立正确的职业观念，认识到自己的工作具有很重要的价值和意义。同时，他们还应该不断提高自己的技能水平和综合素质，为企业和社会创造更多的价值。只有当数字工匠对自身的价值认同感增强时，才能更好地发挥作用，推动数字化进程。

综上所述，提高数字工匠的价值认同度是一个系统工程，需要政府、企业和社会的共同努力。只有当社会对数字工匠的认知度、企业对数字工匠的重视程度以及数字工匠自身的价值认同感得到提高时，才能推动数字化进程的不断发展，为社会的进步做出更大的贡献。

五、总结

随着信息技术的飞速发展，数字化已经成为各行各业的发展趋势。在这个过程中，数字工匠作为实施主体，发挥着举足轻重的作用。然而，在当前的社会环境中，数字工匠的价值认同程度并不高，这为数字工匠的发展和整个社会的进步都带来了一定的负面影响。因此，提高数字工匠的价值认同度，对于推动数字化进程具有重要意义。

本小节从社会、企业和个人三个层面分析了影响数字工匠价值认同的因素，并提出了相应的对策建议：政府、企业和媒体应该加强对数字工匠的宣传和推广，提高社会对数字工匠的认知度；企业应该提高对数字工匠的重视程度，为他们提供良好的工作环境和发展空间；政府和企业还应该建立完善的激励机制，加强政策支持和引导，建立健全的数字工匠培训体系，加强数字化技术的交流和合作，建立数字化技术的评价体系、数字化技术的监督和管理机制，激发数字工匠的工作积极性和创新能力；同时，数字工匠也应该提高对自身的价值认同感，为企业和社会创造更多的价值。通过对这些措施的实施，有望提高社会对数字工匠的认知度、企业对数字工匠的重视程度以及数字工匠自身的价值认同感，从而推动数字化进程的不断发展，为社会的进步做出更大的贡献。

第二节 人才培养方案的自主修订

国务院印发的《"十四五"数字经济发展规划》指出：深入实施智能制造工程，大力推动装备数字化，开展智能制造试点示范专项行动，完善国家智能制造标准体系。① 人社部等四部门印发的《"十四五"职业技能培训规划》指

---

① 国务院关于印发《"十四五"数字经济发展规划》的通知［EB/OL］. 中国政府网, 2022-01-12.

出：要加强全民数字技能培训。人才是智能制造发展的第一资源，智能制造离不开云计算、大数据、物联网、人工智能、5G、北斗、区块链等新兴数字技术，这些新兴数字技术与智能制造融合发展，迫切需要大批新兴数字技术人才，校、企、行业、科研院所、政府等"多元"合作，探索数字技术复合型人才培养改革模式研究与实践，真正培养出新兴数字技术复合型人才和大国工匠人才即数字工匠，提升人才数字化，为地方和国家的发展做贡献。根据相关数据，对2025年制造业十大行业人才需求和缺口进行预测，和数字技术相关的新一代信息技术产业需求量最大，可见数字化人才需求量缺口巨大。而这一需求的满足，不能仅靠有限的外部人才招聘，更需要企业加大内部数字化人才培养力度，从实际业务需求出发，搭建适应企业发展策略的人才发展体系，畅通企业内部的人才发展和补给通道。

一、人才规格定位：数字工匠[①]

重庆电讯职业学院是一所军企教融合发展的技术型高校。办学以来，坚持类型教育，坚持"厚德为人、砺能立身"校训宗旨，坚持"全成教育"理念，一体化推进教育、科技和人才强校建设，强化培养包括大国工匠和高技能人才在内的"国家战略人才力量"，服务国家成渝地区双城经济圈建设和"新重庆"建设，助力技能型社会建设，形成"一主（自主培养）、两翼（高水平学校和专业群）、三性（战略性、国际性和创新性）"的"双高"特色，促建了"校园景观化、教学智慧化、条件现代化和育人融合化"。

学校位于重庆市江津双福新区，规划占地1350亩（90公顷），总体规划建筑面积44万平方米，学校总资产10亿元，教学科研仪器总设备值12860万元，建成实训室168个，建有国家财政支持实训基地1个，市财政支持实训基地3个，在校生规模2万余人。多年来，学校传承了军事院校成功的办学经验和管理模式，优化专业结构，整合教育资源，以崭新的高等职业教育理念办学，为社会培养了大批技术技能型人才和数字工匠，受到社会和用人单位的好评。学校先后获批"中央财政专项支持建设院校""国家现代学徒制试点单位""国家国防教育特色学校""教育部第三批现代学徒制试点学校""中韩合作办学院校"

[①] 重庆电讯职业学院学院简介［EB/OL］.重庆电讯职业学院官网，2024-12-03.

"重庆市双高计划建设单位""重庆市高技能培训基地""重庆市专本贯通培养试点学校""重庆市首批绿色校园建设单位""平安校园先进单位""重庆市依法治校先进单位""综合治理先进单位""重庆市智慧校园建设示范学校""重庆市高校党建'双创'工作样板支部"。

为了让学生"走进来个个成才,走出去人人成功",学校聚焦重庆新兴战略产业,围绕通信、信息、网络、电控、智能等,开设"国防教育"相关专业课程,创新"十赋教育"体系,全面开展"融教育"和"泛在五育",形成"电讯"特色。现设置40个专业,形成了以1个市级高水平专业群为引领、以6个市内知名特色专业群为骨干、以2个产业急需专业群为补充的专业群格局,并将重点打造具有核心竞争力的"密码技术应用"专业和专接本"通讯技术"专业,与重庆支柱产业契合度达到80%以上;立项建设了市级专业能力提升项目1个、骨干建设专业2个、专业教学资源库2个、市级一流金课4门、市级产业学院1个,被社会誉为"西部讯谷"。

对汽车与智能制造工程领域而言,毕业生去向汽车整车及零部件、传感器、信息交换、导航与定位、互联网通信等领域的企事业单位从事相关的制造、售后服务、检测维修,为面向一线培养了数字化技能型工匠人才。

二、人才培养方案自主修订的必要性

适应数字行业变革。随着数字技术的迅速发展和应用领域的不断拓展,数字行业面临着不断变化的挑战和机遇。为了培养适应市场需求的高素质数字工匠,高职院校必须及时修订人才培养方案,以跟上数字行业的发展步伐。

提升人才培养质量。通过自主修订数字工匠人才培养方案,高职院校可以针对市场需求和行业趋势,优化课程设置,更新教学内容和方法,从而提高教学质量和人才培养质量。

增强学生竞争力。修订人才培养方案有助于提高学生的实践能力和创新能力,使他们更好地适应行业发展的需求,增强在就业市场上的竞争力。

促进产教融合。通过与企业的深度合作,共同制订数字工匠人才培养方案,高职院校可以更好地将行业需求融入人才培养过程,推动产教融合,提高人才培养的针对性和实用性。

推动教师专业发展。参与数字工匠人才培养方案的修订过程需要教师具备较高的专业素养和行业经验。这有助于提升教师的专业能力和行业认知,从而更好地指导学生。

推动教育改革。数字工匠人才培养方案的自主修订是教育改革的一部分。通过这一过程,高职院校可以推动教育教学的创新和改革,提高整体教育水平,培养更多优秀的数字工匠人才。

满足企业特定需求。有些企业或行业对数字工匠有特定的技能和知识需求。通过自主修订人才培养方案,高职院校可以针对这些需求进行定制化培养,满足企业的特定要求。

优化课程结构和内容。随着技术的发展和市场需求的变化,原有的课程结构和内容可能已经过时或不再适用。通过修订人才培养方案,高职院校可以优化课程结构和内容,确保学生能够学到最新、最实用的知识和技能。

增强国际竞争力。在全球化的背景下,培养具有国际竞争力的数字工匠变得越来越重要。通过自主修订人才培养方案,高职院校可以引入国际先进的教育理念和教学资源,提高学生的国际竞争力。

确保教育与社会发展紧密相连。教育应该与社会发展紧密相连,为经济和社会发展提供支持。通过修订数字工匠人才培养方案,高职院校可以确保教育与社会发展的需求相匹配,为培养适应未来社会的高素质数字工匠做出贡献。

高职院校数字工匠标准人才培养方案的自主修订对于适应数字行业变革、提升人才培养质量、增强学生竞争力、促进产教融合、推动教师专业发展、推动教育改革、满足企业特定需求、优化课程结构和内容、增强国际竞争力以及确保教育与社会发展紧密相连都具有重要的意义。

三、人才培养方案自主修订的建议

定期评估和修订。高职院校应定期对其数字工匠的人才培养方案进行评估和修订。评估应考虑行业发展趋势、市场需求、学生反馈和技术进步等因素,以确保人才培养方案的有效性和前瞻性。

行业合作与反馈。高职院校应积极与数字行业的企业、专家和毕业生进行合作和沟通,收集他们的反馈和建议。这有助于了解行业对数字工匠的需求和期望，为修订人才培养方案提供有价值的参考。

课程内容的更新。随着技术的不断进步，课程内容也应进行及时更新。高职院校应关注新技术的发展和应用，将相关内容纳入课程中，使学生能够掌握最新的知识和技能。

强化实践环节。数字工匠需要具备实践经验，因此高职院校应加强实践环节的教学。可以通过与企业合作、建设实验室、组织项目实践等方式，为学生提供更多的实践机会，帮助他们将理论知识转化为实际操作能力。

个性化教学。每个学生都有其特点和优势，因此人才培养方案应能够满足不同学生的需求。高职院校可以通过个性化教学的方式，根据学生的兴趣、能力和职业规划，为他们提供更加定制化的教育服务。

质量保证与监督。修订后的培养方案应通过内部审查和外部评估，以确保其质量和有效性。同时，高职院校还应建立监督机制，对培养方案实施过程进行监督和调整，以确保其与既定目标的一致性。

高职院校数字工匠标准人才培养方案的自主修订是一个持续的过程，需要定期评估、更新和优化。通过与行业合作、关注新技术发展、强化实践环节、个性化教学以及质量保证与监督等措施，确保人才培养方案的有效性和前瞻性，为培养出优秀的数字工匠提供有力支持。

四、人才培养方案应包含的模块

（一）培养目标

高职院校数字工匠标准人才培养目标是培养具备扎实的理论基础、较强的实践能力和创新精神，能在数字化生产、服务和管理等领域从事技术应用、技术开发、技术管理和技术服务等工作的适应数字行业发展和市场需求的高素质技术技能型工匠人才。

具体来说，数字工匠应该具备以下能力和素质。

扎实的数字技术基础。掌握基本的编程语言、操作系统、数据库等数字技术知识，能够熟练运用各种数字工具和软件进行开发和测试。

实践能力和创新意识。具备较强的实践能力和创新意识，能够独立思考和解决问题，同时具备创新思维和创新能力。

团队合作和沟通能力。具备良好的团队合作和沟通能力，能够与团队成员有效协作，共同完成项目任务，同时具备较好的口头和书面表达能力。

行业知识和职业素养。了解数字行业的发展趋势和市场需求，具备相关的行业知识和职业素养，能够适应行业发展的变化和需求。

一定的国际视野。具备国际视野和跨文化交流能力，能够适应全球化发展趋势，了解国际标准和规范，具备参与国际竞争的能力。

（二）培养要求

掌握数学、物理、计算机科学等基础理论知识，具备较强的逻辑思维能力和创新能力；熟悉数字化生产、服务和管理等领域的基本理论、基本知识和基本技能，具备较强的实际操作能力；具备良好的团队协作能力和沟通能力，能够在跨学科、跨领域的团队中发挥积极作用；具备较强的自学能力和终身学习能力，能够适应数字化时代的快速发展和技术更新；具备良好的职业道德和社会责任感，能够在工作中遵守法律法规，关注环境保护和社会责任。

（三）课程设置

基础课程。高等数学、线性代数、概率论与数理统计、计算机科学导论、数据结构与算法、计算机网络、操作系统等。

专业课程。数字化生产技术、数字化服务技术、数字化管理技术、数字化设计与制造、数字化测试与质量控制、数字化项目管理等。

实践课程。实验、实习、实训、项目开发等，以提高学生的实际操作能力和创新能力。

选修课程。根据学生的兴趣和发展方向，提供一定数量的选修课程，如人工智能、大数据、云计算、物联网等。

（四）教学方法

采用以学生为中心的教学方法，注重培养学生的自主学习能力和团队协作能力。结合数字化技术，采用线上线下相结合的教学方式，提高教学效果。加强实践教学，通过实验、实习、实训等方式，提高学生的实际操作能力和创新能力。与企业合作，开展产学研一体化教育，提高学生的就业竞争力。具体可借鉴以下方法。

案例分析教学法。分析真实的案例，让学生了解数字工匠在实际工作中所面临的问题和挑战，同时通过讨论和思考，培养学生分析问题和解决问题的能力。

项目实践教学法。通过让学生参与真实的项目实践，学生在实践中学习和掌握数字技术的知识和技能，同时培养学生的实践能力和团队合作能力。

角色扮演教学法。通过让学生扮演不同的角色，如开发人员、测试人员、项目经理等，学生了解不同角色的职责和要求，同时通过角色扮演，培养学生的沟通能力和团队合作能力。

小组讨论教学法。通过小组讨论的形式，学生自主探究和解决问题，同时通过小组讨论，培养学生的合作学习和沟通能力。

在线学习教学法。通过在线学习平台，学生自主安排学习时间和进度，同时通过在线学习，培养学生的自主学习和自我管理能力。

企业实践教学法。通过与企业合作，学生参与企业实践项目，了解企业的实际需求和生产环境，同时通过企业实践，培养学生的实践能力和职业素养。

高职院校数字工匠标准人才培养的教学方法应该注重实践性、创新性、多样性和互动性，通过多种教学方法的有机结合，提高学生的实践能力和创新能力。同时，教学方法的选择应该根据培养目标、课程设置、学生特点和教学资源等因素进行综合考虑。

（五）评价体系

采用多元化的评价方式，包括平时成绩、期末考试、实验报告、实习报告、项目开发等。注重对学生的实际操作能力、创新能力和团队协作能力的评价。定期对教学过程进行评价和反馈，不断优化教学内容和方法。高职院校数字工匠标准人才培养评价体系是衡量人才培养质量和效果的重要手段，应该包括以下几方面。

评价目标。明确评价的目标和意义，包括衡量学生的知识水平、技能水平、实践能力、职业素养等方面，以促进学生的学习和发展。

评价标准。制定具体的评价标准，包括评价内容、评价方式、评价等级等，以确保评价的公正性和客观性。

评价内容。评价内容应该包括学生的知识掌握情况、技能应用能力、实践操作能力、团队合作能力、沟通能力等多方面，以全面衡量学生的综合素质。

评价方式。采用多种评价方式，包括考试、作品评价、实践评价、自我评价、同学互评等，全面了解学生的学习情况和综合素质。

评价反馈。评价结果应该及时反馈给学生和教师，以便学生了解自己的不足和需要提高的地方，同时教师也可以根据评价结果及时调整教学策略和方法，提高教学质量。

持续改进。根据评价结果和反馈情况，对人才培养方案进行持续改进和优化，提高人才培养的质量和效果。

高职院校数字工匠标准人才培养评价体系应该注重评价的公正性、客观性、全面性和有效性，通过多种评价方式的有机结合，全面了解学生的学习情况和综合素质，同时根据评价结果和反馈情况及时调整教学策略和方法，提高教学质量和效果。

第三节 人才培养课程体系的构建

一、背景需求

数字工匠人才培养是一个综合性的过程，需要政府、企业、学校、社会等各方共同努力，形成合力。

政府层面。政府应该出台相关政策，推动数字技能职业培训机构与数字企业在人才培养上实现深度融合，建立数字技能人才培养试验区，打造数字素养与技能提升培训基地，大力培育数字工匠。同时，政府还应该加强政策引导和支持，推动行业快速发展，提升数字技能人才在数字知识转化收益上的分配权，激发他们的内生动力。

企业层面。企业应该积极参与数字技能人才的培养，通过与学校合作、提供实习机会、开展员工培训等方式，提升员工的数字技能水平。同时，企业还应该积极探索新的培训模式和路径，如在线教育、虚拟现实技术等，以提高培训质量和效果。

学校层面。学校应该根据市场需求和职业发展需求，制订合理的数字工匠人才培养计划，注重数字技能和实践能力的培养。同时，学校还应该加强师资队伍建设，提高教师的专业素养和教学水平。

社会层面。社会应该营造良好的数字技能人才培养氛围，通过媒体宣传、社会活动等方式，提高公众对数字技能的认识和重视程度。同时，社会还应该提供更多的数字技能培训机会和资源，为数字技能人才的培养提供更多的支持和帮助。

数字工匠人才培养需要政府、企业、学校、社会等各方共同努力，形成合力。只有各方协同合作，才能培养出具备高素质的数字工匠人才，为数字经济的发展提供强有力的人才支撑。

二、面临的挑战

数字经济的发展。随着数字化时代的到来，数字经济已经成为全球经济增长的新引擎。在数字化转型的推动下，各个行业都在积极探索新的发展模式和路径。因此，数字工匠的培养成了满足数字经济时代人才需求的重要一环。

技能培训的挑战。传统的职业技能培训体系已经无法满足数字化经济时代的发展需求。数字工匠的培育需要更加注重实践操作和技能应用，同时也需要不断更新培训内容，以适应快速变化的数字化环境。

人才需求的转变。数字化经济的发展对人才的需求发生了转变。具备数字技能和创新能力的人才成为企业发展的核心力量。因此，数字工匠的培养需要更加注重数字技能和创新能力的培养。

教育体系的改革。教育体系也在积极探索适应数字化经济时代的改革路径。高校在人才培养方面需要更加注重实践操作和技能应用，同时也需要不断更新教育资源，以培养出具备数字技能和创新能力的人才。

数字工匠课程体系构建的背景是多方面的，它既包括数字经济的发展和技能培训的挑战，也包括人才需求的转变和教育体系的改革。为了满足数字化经济时代的需求，我们需要积极探索新的培训模式和路径，以培养出具备数字技能和创新能力的人才。

数字工匠人才是指具备数字化技术和应用能力的高素质技术技能人才。随着数字经济的快速发展，我国对数字化高技能人才的需求日益增加，特别是那些既精通数字技术又具备实践经验的应用型人才。为了应对这一挑战，我们需要从多个层面进行人才培养。

企业层面。企业应履行培育主体责任，探索"劳模（技能大师）+工作室"培养模式。依托技术培训平台与劳模创新（技能大师）工作室的双向联动，发挥高技能人才的"传帮带"作用。此外，企业还可以根据需求通过"订单班"或"冠名班"等方式进行人才培养。

产业与集群层面。聚焦电子信息、物联网、大数据、人工智能等优势产业和未来需求领域，培育应用、推广型数字技能人才。为制造业数字化转型搭设人才桥梁，同时在计算机软件设计、装备制造智能检测、工业机器人操作与运维等领域开展技能竞赛，为数字工匠提供展示才华的平台。

教育与培训层面。创新驱动数字经济的实质是人才驱动，因此需要加快培育数字技术工程师，推动人才队伍结构完善。同时，还要紧扣工艺研发、装备制造，为实体企业输送价值链、供应链核心环节的数字化改造人才，加快企业"上云用数赋智"，打通各部门、各环节的数据链接，推动实体企业业务流程、商业模式的创新。

三、构建数字工匠人才培养课程体系

需求分析。首先需要明确数字工匠人才培养的目标和规格，以及适应的产业和岗位需求。通过对行业和企业的调研，了解其对于数字工匠的能力要求和职业素养要求，以此为基础构建课程体系。

课程设置。根据需求分析的结果，设置相应的课程，包括数字技术课程、创新能力课程、工匠精神课程、实践课程、跨界融合课程和团队合作课程等。在课程设置时，需要注重课程的实用性和前瞻性，让学生能够学到真正有用的知识和技能。

实践教学。实践教学是数字工匠人才培养的重要环节，需要注重实践教学的比重和质量。可以通过建立实践基地、校企合作等方式，为学生提供实践机会和实习岗位，他们在实践中掌握数字技术和创新能力。

师资队伍。建立一支高素质、有经验的师资队伍是数字工匠人才培养的关键。需要加强教师的专业素养和教学能力培养，提高教师的实践能力和创新意识，为学生提供更好的指导和教学。

校企合作。通过校企合作的方式，共同推进数字工匠人才培养。企业可以提供实践机会和实习岗位，同时学校可以与企业合作开发课程和教材，实现资源共享和优势互补。

职业规划。从入学开始就应注重学生的职业规划，让他们明确自己的职业目标和职业发展方向。通过职业规划课程和职业咨询师制度等方式，帮助学生规划自己的职业发展路径，提高他们的职业素养和就业竞争力。

四、数字工匠人才培养课程体系包括内容

（一）高职学生课程体系

公共基础课程。这类课程包括思想政治理论、大学语文、高等数学、大学英语等，旨在培养学生的基本素质和语言能力。

专业基础课程。这类课程是培养学生专业素养的基础，包括专业概论、基础理论等。

专业核心课程。这些课程是培养学生专业能力的核心，包括专业技能、专业知识等。

通识教育课程。这些课程旨在培养学生的综合素质，包括语言、文化、艺术等领域的内容。

实践操作课程。这类课程主要包括实验、实训、项目等实践环节，旨在提高学生的实践能力和团队协作精神。

（二）数字工匠课程设计

数字工匠课程设计应该基于数字时代的需求和行业发展趋势，结合学生的实际情况和职业发展目标，进行系统性的规划和设计。

以数字技能为基础。数字技能是数字工匠必备的技能，因此在课程设计中应该注重数字技能的培养，包括计算机编程、数据分析、人工智能、物联网等基础知识和应用技能。

强化实践能力。实践能力是数字工匠的核心能力，因此在课程设计中应该注重实践环节的设计，包括实验、实训、项目等实践环节，以培养学生的实践能力和团队协作精神。

结合行业应用。行业应用是数字工匠的重要发展方向，因此在课程设计中应该注重与实际应用场景相结合，通过案例分析、项目实践等方式，学生更加深入了解数字技术在不同行业的应用情况。

注重创新能力培养。创新能力是数字工匠的重要素质，因此在课程设计中应该注重创新思维和创业精神的培养，通过引导学生进行创新实践和项目操作，提高学生的创新能力和创业意识。

结合职业发展需求。数字工匠的职业发展需求是不断变化的，因此在课程设计中应该注重与职业发展需求的结合，根据行业发展趋势和学生实际情况，不断更新课程内容和方法，以满足职业发展需求。

综上所述，数字工匠课程设计应该以数字技能为基础，强化实践能力，结合行业应用，注重创新能力和创业精神的培养，以及与职业发展需求的结合。同时，还需要注重课程内容的更新和教学方法的改革，以适应不断变化的市场需求和学生特点。

（三）数字工匠人才培养的课程体系

数字技术课程。这部分课程主要涵盖编程、数据结构、算法、网络技术、数据库等基础知识，以及人工智能、大数据、云计算、物联网等新兴技术。学生需要掌握这些技术的理论知识和应用技能，以便能够适应数字化时代的发展需求。

创新能力课程。这部分课程主要培养学生的创新思维和创新能力，包括设计思维、创新实践、创业实践等课程。学生需要通过这些课程的学习和实践，提升自己的创新能力，以适应数字化时代的变革和创新需求。

工匠精神课程。这部分课程主要培养学生的工匠精神和职业素养，包括职业规划、职业道德、职业素养等方面的课程。学生需要通过这些课程的学习和实践，树立正确的职业观念和职业道德，以提升自己的职业素养和综合能力。

实践课程。这部分课程主要包括实践项目和实习机会，让学生在实际工作中掌握数字技术和创新能力，包括课程设计、毕业设计、实习实训等环节。学生需要通过这些实践课程的学习和实践，提升自己的实践能力和创新能力，以适应数字化时代的发展需求。

跨界融合课程。这部分课程主要注重跨学科、跨领域的融合，包括人文素养、科学素养、艺术素养等方面的课程，以及行业前沿的动态和实践。学生需要通过这些课程的学习和实践，拓展自己的知识面和视野，以适应数字化时代的变革和创新需求。

团队合作课程。这部分课程主要培养学生的团队合作和沟通能力，包括团队建设、项目管理、沟通技巧等方面的课程。学生需要通过这些课程的学习和实践，提升自己的团队合作能力和沟通能力，以适应数字化时代的发展需求。

（四）构建数字工匠人才培养课程体系时需注重方面

更新和优化课程内容。随着数字化技术的不断发展，课程内容需要及时更新和优化，以适应行业发展的需求。

加强实践教学。实践教学是数字工匠人才培养的重要环节，需要注重实践教学的比重和质量，让学生在实际操作中掌握数字技术，提高创新能力。

融入工匠精神。工匠精神是数字工匠人才培养的核心，需要在课程中融入对工匠精神的培养，帮助学生树立正确的职业观念和职业道德。

与企业合作的推进。通过与企业合作，将产业需求与教学相结合，提高人才培养的质量和针对性。

引导学生自主学习。通过引导学生自主学习，培养学生的自主学习能力和终身学习的意识。

总之，数字工匠人才培养的课程体系应注重实践性和创新性，加强与企业、产业的对接，培养具有数字化时代特征的优秀人才。同时需要不断更新和优化课程体系和教学内容，紧跟行业发展趋势和需求，以适应数字化时代的发展需要。

第四节　校企双元实践平台的搭建

高职院校数字工匠的培养离不开我国高等职业教育，高等职业教育迎来了数字化转型的机遇与挑战。通过高等职业教育专业数字化转型，能够为构建现代职业教育体系助力，为全面提高数字化人才培养质量奠基，为增强职业教育适应数字赋能。高等职业教育专业数字化转型主要体现在以数字资源"武装"专业人才培养过程，以数字技术"驱动"专业建设范式变革。基于此提出职业教育专业数字化转型的路径：树立与教育数字化发展相适应的数字化教育理念；搭建智慧化专业教育服务平台，建立"虚实结合、线上线下联动"的专业教学体系；加强校内外数字资源共建共享，构建数字化校企"双元"育人新模式。

一、数字工匠校企双元实践平台搭建的背景

工匠数字化教育已成为全球教育领域的发展形式。新时代下，数字技术创新日新月异，数字技术应用日益广泛，数字经济正以极快的速度、极大范围和影响，推动着生活方式、生产方式、管理方式发生历史性变革。高等职业教育作为我国教育体系中的重要教育类型，面临着数字化转型的良好机遇与攻坚挑战。教育部发布的《教育部2022年工作要点》指出要"实施教育数字化战略行动"，明确了教育数字化发展方向。党的二十大报告提出"推进教育数字化"，国务院印发《中国制造2025》，将高等职业教育数字化提升到国家发展战略的高度。《教育部高等教育司2023年工作要点》再次强调，要"深入实施数字化战略行动，塑造高等教育改革发展新优势"。所以，高等职业教育专业数字化转型是大势所趋，依托国家战略和企业数字化转型，校企"双元"育人新模式是推动新时代高等职业教育改革的重要环节。

二、数字工匠校企双元实践平台搭建的目标

（一）助力构建数字化高等职业教育体系

高等职业教育专业数字化转型，有利于更好地满足人才培训并帮助学习者掌握一技之长，满足行业企业对数字化技术技能人才的需求。就前者而言，高等职业教育数字化转型，加强了产教融合，深化了校企合作，重构了专业教学模式，提供了优质教育资源，突出培养与地方产业结构相适应的专业能力和实践应用能力，使职业学校毕业生更好地服务区域经济社会发展。就后者而言，高等职业教育数字化转型，将大量的优质职业教育资源数字化、网络化，方便了广大学习者学习技能，能够有力推动数字化技能人才队伍建设，提高就业适龄人口的科学素质。

（二）数字化人才培养质量全面提升奠基

高等职业教育数字化转型是一场深刻的教育革新，对于优化职业教育资源配置，全面提高数字化人才培养质量具有重大价值。首先，专业教育是培养各级各类专业人才的教学途径。职业教育专业数字化转型，有利于提升专业教育

资源质量，实现专业教育资源优化配置。其次，高等职业教育数字化转型，表现在专业教学方面，是利用数字教学资源、数字工具、数字平台以及数字化手段组织和实施专业教学。再次，数字化专业教育资源具有多媒体性。数字化教育资源包含视频、图片、音频、文字等数字化形式，使得教育教学更加直观、生动、形象，不仅能激发学习者的兴趣，更能促进学习者对专业知识的理解，提高学习者的学习效率。最后，专业教育资源的数字化，将专业知识和信息的存储介质从书本转向移动终端、服务器、硬盘，再通过互联网进行传输，学习者可以在智能化终端设备上随时进行阅览和观看，从而形成了新时代学习者普遍采用的碎片化、自主化的新型学习方式，充分优化了高等职业教育资源配置，阶梯性地提升专业教育质量。与此同时，高等职业教育专业数字化转型，有利于加强校企协同，提高校企"双元"育人质量。产业数字化升级与高等职业教育数字化转型应同频共振，为产教深度融合、校企深度合作创造更加优越的条件。通过校企联合构建智慧校园平台与数字化管理平台，实现学校职业教育教学数据与行业企业经营管理数据共享，从而更精准、有效地发现校企双方在合作培养人才上的"难点"，为共同制订科学的人才培养方案提供实时依据。企业针对员工培训的数字设备、数字资源可以为学校所用，学校和企业还可以共同组建数字化实训环境、开发数字化虚拟仿真实训系统，从而实现校企资源的有机结合，打造出直接上岗的数字化技术技能型人才。

（三）数字赋能高等职业教育适应性

增强高等职业教育适应性是我国职业教育现代化发展的内在要求。职业教育数字化转型，能够增强职业教育支撑服务数字经济本领，推动实现高等职业教育与产业的协同发展。数字化时代，数字技术与经济社会各个领域深度融合，需要技术技能人才既具备扎实的专业能力，也具备良好的数字素养，尤其是运用数字化工具解决实际专业难题的能力。建立市、区高等职业学校与行业、企业人才供需信息共享平台，通过大数据分析促进就业岗位精准匹配，解决人才供需的结构一致性问题。一方面，行业企业实时动态发布技术技能人才的类型需求、层次需求和能力需求，精准描述职业岗位、工作环境和待遇情况，建立人才就业岗位信息数据库，帮助高等职业院校及时了解市场人才需求，同步调整优化学科专业、人才培养方案，进行"三教"改革。同时帮助刚进入大学和待就业学生了解当前就业形势、就业政策以及企业的用人要求，增强学生个人素质和判断能力,提前规划职业生涯。另一方面,高等职业学校实时动态发布人才培养与就业信息,建立人才数据库(包括个人基本信息、工作经历、技能特长、教育背景等),对各类专业人才信息进行认真审核把关,确保信息真实准确;同时及时发布高等职业教育政策、职业学校办学特色、专业优势、科研成果、校企合作需求等信息,为企业招聘选才、寻求合作伙伴等提供数据,帮助企业提高招聘效率,节省招聘时间和成本,降低企业人才交易和学校数字化人才培养成本。

三、数字工匠校企双元实践平台搭建的人才路径

(一)运用数字化技术"驱动"高职学校专业建设范式变革

数字经济在技术层面包括大数据、云计算、物联网、区块链、人工智能、车联网、5G通信等新兴技术。一方面,在中国制造业与高等职业教育数字化转型的背景下,职业学校制定专业人才培养方案时需要充分考虑行业和企业数字化技术转型对高职教育生态以及产业生产方式的影响。在高等职业学院教育端,数字技术带来了教学模式、课程体系、师生关系、教育管理等方面的革新,这促使专业教师与企业共同完成数字化教育活动培训和学习;在行业和企业产业端,数字技术改变了生产组织模式、企业管理方式和岗位工作形式,数字素养和数字能力成为求职者的必备素质,这促使学校专业教育必须融入企业数字化技术人才的数字素养和数字能力内容。另一方面,利用数字化技术完善专业实时动态调整机制,加强专业内涵建设。高等职业学校根据企业人才需求数据调整不适应经济社会发展和不符合学校办学定位的专业,强化专业特色、学校特色和区域特色,走数字化转型背景下"专精特新"的专业建设之路。依托数字化智慧校企平台,突破学校内部不同职能部门与行业企业之间的壁垒,实现学生专业学习数据、企业岗位需求数据同步共享,推动高等职业教育专业群建设。

(二)运用数字资源"武装"专业人才培养过程

首先,数字技术有利于构建"时时可学、处处能学、人人皆学"的全民终身教育体系。摆脱传统的专业教育模式:高度依赖课堂教学,以教师为核心,主要由教师传授知识,学生被动听讲。其次,利用数字工匠校企双元实践平台可以针对不同学生的学习特点和企业岗位需求提供不同的教学方式和教材,做

到因材施教，实现数字化个性教学。最后，高等职业学校主动求变，对实习实训基地进行数字化改造，与企业共同打造区域性跨专业共享型实训基地，助力实践教学。例如，搭建虚拟仿真技术共享实训平台或大数据、物联网、人工智能、车联网、5G通信跨专业共享实训园，通过系列专业课程资源建设解决各专业群"看不见、进不去、有危险、难再现"的实践教学难题。

（三）运用平台实现智慧化专业教育服务功能

建立"虚实结合、线上线下联动"的专业教学体系。高等职业学校推进专业转型升级，重构专业教学体系是重中之重。重构专业教学体系，要点在于重新安排专业教学的实现形式，以及重新设计专业教学的组织方式。数字化视域下，前者实现搭建智慧化专业教育服务功能，后者需要建立"虚实结合、线上线下联动"的专业教学体系。一方面，增加平台智慧化专业教育服务功能。我国高等职业教育具有鲜明的地域性特征。高等职业教育数字化转型，必须根据职业教育的专业结构和专业布局开发智慧化专业教育服务功能。为此，地方政府、职业学校、行业组织、企业应当加强协同配合，由教育行政部门牵头，调集科研院所专家学者、职业学校骨干教师、企业资深技术人员组建数字技术专业人才队伍，共同开发建设适应当地产业发展、提供充足优质专业教育资源的智慧化专业教育服务资源。在功能模块上，实现专业课程模块、专业虚拟仿真实训模块、教师教学服务模块和教学评价模块等，以满足区域内职业学校师生的专业教学与学习要求。此外，还应加强对校企双元实践平台上数字化教育资源使用情况的监测和评估，根据现实需要及时对平台资源进行动态更新和优化调整。另一方面，建立"虚实结合、线上线下联动"的专业教学体系。线上虚拟学习与线下实际操作互相结合、互相贯通、互相促进，实现教与学的智能化。在线学习是数字化教学的基本形式。在线学习的优势在于标准化、固定化的学科知识、技术知识可以通过图片、视频、动画等多样化的方式呈现出来，既能节省教师课堂讲授的时间，又能帮助学生克服时间和空间的限制，实现随时随地学习。在理论教学环节，教师要利用好在线学习环节，课前引导学生预先学习专业基础知识；课中着重解答学生课前学习的疑问，剖析专业知识重难点，发起问题讨论，或者开展项目式、情境式教学；课后通过班级社群、学习平台发布作业和复习要点。在实践教学环节，教师要注重虚实结合。"虚"是指虚拟现实，是以沉浸性、交互性和构想性为基本特征的计算机高级人机界面。通过建立大量的虚拟场景和教学模型，学员可以在虚拟环境中进行各种操作和实际演练，模拟真实情况下的挑战和应对。"实"则是指组织学生前往工厂、车间等实地进行实操训练。通过虚实结合可以实现数字环境与真实情境的互补，提高学生实训技能。

（四）运用平台校内外数字资源共建共享，形成数字化校企"双元"育人新模式

职业教育作为以技术技能为主要内容的实用型教育，在进行专业教育时离不开校企合作育人。首先，学校和企业共建校企合作信息服务平台，实现精准化、多样化的校企联动。平台一端连接职业学校专业教学数字化管理系统，另一端连接企业日常经营数字化管理系统。通过校企合作信息服务平台所实现的数据透明和数字协同，企业可以全面深入地了解职业学校的教学情况、教学进度和教学成效；学校可以清晰准确地了解企业的人才需求情况和人才储备情况。其次，依托校企合作信息服务平台，校企可以克服时空阻隔和管理差异，共同管理教学事务，强化教学质量监控，实时掌握专业教学的进度，了解每位学生在校学习和企业实训的表现，进而为共同制定科学的人才培养方案提供数据依据。最后，通过校企合作信息服务平台自动采集企业岗位人才资格标准、薪资水平、岗位发展及人才现状等数据，进行大数据分析，引导学生明确就业方向，科学规划职业生涯，实现高质量就业，从而提升学校社会服务的数字化水平。

第五节　人才评价体系的新建

一个较为完整的评价体系应该包含评价主体、评价客体（被评价的对象）、评价目的、评价内容、评价标准、评价方法及相应的评价结果运用等要素。

一、评价主体

数字工匠标准的评价主体是多元的，包括教育部门、行业协会、企业、教师和学生等。不同评价主体在评价过程中发挥不同的作用。

教育部门：作为高职院校的主管部门，教育部门负责制定数字工匠标准的

相关政策和规划，并组织开展相关的评估和认证工作。

行业协会：行业协会通常具有较为丰富的行业资源和专业经验，可以提供数字工匠标准的具体内容和评价标准，并参与评价过程。

企业：企业作为数字技术的应用者和市场主体，对数字工匠的标准和要求具有实际需求和经验积累。企业可以参与制定数字工匠标准，并为评价提供实践案例和支持。

教师：教师是学生的指导者和教育者，对学生的专业技能、职业素养和创新能力等方面有深入的了解和评价。教师参与制定数字工匠标准，能够将实际教学经验和需求融入标准中，提高标准的实用性和针对性。

学生：学生作为数字工匠的潜在培养对象，对数字工匠标准的制定和评价具有参与权和建议权。学生可以通过反馈和评价，对数字工匠标准提出改进意见和建议。

综合来看，"数字工匠标准"的评价主体是多元化的，不同主体在评价过程中发挥各自的作用，共同推动数字工匠标准的制定和实施。

二、评价客体

数字工匠是一种新型的专业人才，他们主要在智能制造发展中利用信息技术手段和方法，快速有效地发现并获取信息、评价信息、整合信息、交流信息。他们的评价客体主要是数字化高技能人才的培养和发展。

首先，数字工匠需要对数字化高技能人才进行评价，以了解他们的能力水平和潜力，为人才培养提供依据。这种评价不仅包括技能水平，还包括对数字化知识和信息的理解和应用能力。

其次，数字工匠还需要对数字化产业的发展进行评价，以便了解产业发展趋势和需求，为产业发展提供决策支持。这种评价可能涉及产业的各个方面，包括技术、市场、政策等。

最后，数字工匠还需要对自己进行自我评价，以便不断提高自己的专业技能和素养，更好地适应数字化时代的需求。

总而言之，数字工匠的评价客体主要包括数字化高技能人才、数字化产业和数字工匠自身，他们的工作对于推动我国数字经济的发展具有重要的作用。

三、评价目的

高职院校数字工匠人才评价体系是针对高职院校数字工匠人才培养过程和成果进行评估和反馈的系统化机制。

（一）人才培养目标与定位

评价高职院校数字工匠人才培养的目标和定位是否符合市场需求和行业发展趋势。评估人才培养的层次、类型、数量和质量是否与市场需求相匹配。

（二）课程设置与教学内容

评价高职院校数字工匠人才教育的课程设置与教学内容是否符合培养目标和市场需要。评估课程内容的更新频率、深度和广度是否能够满足技术发展和行业需求。考察课程内容的实践性和应用性，以及与行业实践的结合程度。

（三）教师队伍

评价高职院校数字工匠人才培养的师资力量和教学水平，包括教师的专业背景、实践经验、教学能力和科研水平等。评估教师与行业企业的合作程度，以及教师参与行业实践和学术交流的情况。

（四）实践教学与校企合作

评价高职院校数字工匠人才培养过程中实践教学的开展情况和实践教学基地的建设水平。考察实践教学与理论教学的结合程度，以及实践教学内容与行业需求的契合度。评估高职院校与企业在数字工匠人才培养方面的合作效果和贡献。

（五）学生素质与发展

评价高职院校数字工匠人才在综合素质、专业技能、职业素养等方面的表现。考查学生在校期间的获奖情况、参加各类比赛和实践活动的情况。跟踪毕业生的发展情况，评估高职院校数字工匠人才培养的质量和竞争力。

（六）社会服务与影响力

评价高职院校数字工匠人才培养对社会的影响力和贡献，包括为社会提供的培训服务、技术咨询、科研成果转化等。考察高职院校在行业内的认可度和声誉，以及其在数字领域的影响力。

(七) 教学质量监控与反馈

建立健全教学质量监控体系，对数字工匠人才培养的过程进行全面监控和评估。

定期收集学生、教师、企业等利益相关者的反馈意见，及时调整和优化人才培养方案。

设立专门的教学质量评估机构，对教学质量进行定期评估和监督，确保人才培养质量的不断提升。

(八) 定期总结与改进

定期对数字工匠人才评价体系进行总结和反思，分析存在的问题和不足之处。根据总结和反思的结果，制定改进措施和建议，不断完善和优化评价体系。

综合来看，高职院校数字工匠人才评价体系的实施需要多方面的配合和支持，包括学校领导、教师、企业和社会等各个方面。通过上述途径实施方法，可以逐步建立科学、全面、客观的数字工匠人才评价体系，提高高职院校数字工匠人才的培养质量和市场竞争力。

四、评价内容

(一) 数字技能评价

编程能力：评价数字工匠是否掌握编程语言和相关工具，并能够编写高效、可靠的代码。

数据处理和分析能力：评价数字工匠是否具备数据处理和分析的能力，包括数据清洗、数据可视化、统计分析等。

人工智能和机器学习应用能力：评价数字工匠是否掌握人工智能和机器学习的相关技术和应用，并能够利用这些技术解决实际问题。

网络和信息安全技能：评价数字工匠是否具备网络和信息安全的相关技能和知识，并能够保障数字系统的安全性和稳定性。

(二) 知识储备评价

数学和统计学知识：评价数字工匠是否掌握必要的数学和统计学知识，并能够利用这些知识进行数据分析、模型构建和优化等。

计算机科学基础知识：评价数字工匠是否掌握计算机科学的基础知识，如计算机体系结构、操作系统、网络等。

行业知识：评价数字工匠是否具备相关行业的知识和经验，并能够将数字技术与行业实际需求相结合。

（三）态度和品质评价

创新思维和解决问题能力：评价数字工匠是否具备创新思维和解决问题的能力，并能够提出新颖的解决方案和创新性想法。

持续学习和自我提升能力：评价数字工匠是否具备持续学习和自我提升的能力，能够不断适应新技术和新环境。

团队合作和沟通能力：评价数字工匠是否具备团队合作和沟通的能力，能够与他人协作完成复杂任务或解决复杂问题。

社会责任和诚信品质：评价数字工匠是否具备社会责任和诚信品质，能够为社会做出重要贡献或提供高质量的服务。

（四）其他方面

个人兴趣和发展潜力：评价数字工匠的个人兴趣和发展潜力，并为其提供针对性的培训和支持。

行业认可度和市场竞争力：评价数字工匠在行业中的认可度和市场竞争力，并为提高其竞争力提供支持和帮助。

项目经验和成果展示：通过参与项目或比赛等方式，展示数字工匠的实际经验和成果，并为其提供展示和交流的机会。

跨学科融合能力：评价数字工匠的跨学科融合能力，并为其提供与其他领域合作的机会和支持。

领导力和管理能力：评价数字工匠的领导力和管理能力，并为有潜力的数字工匠提供管理和领导能力的培训和支持。

综合来看，数字工匠评价体系是一个系统性、多维度的评估和培养工具，旨在全面、客观地评估数字工匠的技能、知识和态度，并提供针对性的培训和支持，以提高其培养质量和市场竞争力。

五、评价标准

高职院校数字工匠评价体系是针对数字工匠标准的具体实施和评价过程，

旨在全面、客观地评价学生的数字技能和职业素养，提高数字工匠的培养质量和水平。

（一）专业技能评价

基础知识掌握程度：评价学生是否掌握数字技术的基本概念、原理和方法等基础知识。

应用能力：评价学生是否能够熟练运用数字技术解决实际问题，包括编程、数据分析、人工智能等技术。

项目经验：评价学生是否参与过数字技术相关的项目或比赛，以及在项目中的表现和贡献。

（二）职业素养评价

职业道德：评价学生是否遵守职业道德规范，如诚实守信、尊重他人、责任感等。

团队合作：评价学生是否具备良好的团队合作能力，如沟通协调、尊重他人、共同成长等。

创新能力：评价学生是否具备创新思维和创新能力，如对新事物的好奇心、解决问题的能力等。

（三）行业影响力评价

参与行业活动：评价学生是否参与过数字行业的活动或比赛，以及在活动中的表现和成果。

社会贡献：评价学生是否通过数字技术为社会做出重要贡献，如志愿服务、公益事业等。

（四）创新与创业能力评价

创新思维：评价学生是否具备创新思维和创新能力，如对新技术、新应用的探索和尝试等。

创业能力：评价学生是否具备创业意识和创业能力，如对商业模式的认知和实践等。

（五）社会责任感评价

社会认知：评价学生是否对社会责任有深刻的认识和承担意识，如关注社会问题、参与社会公益等。

社会实践：评价学生在社会实践中的表现和贡献，如志愿服务、公益事业等。

（六）其他方面

个人品质评价：评价学生是否具备良好的个人品质，如自信心、自律性、责任心等。

学习态度与能力评价：评价学生的学习态度和能力，如自主学习、独立思考、解决问题的能力等。

综合素质评价：评价学生的综合素质，如领导力、沟通能力、组织协调能力等。

综合来看，高职院校数字工匠评价体系是全面、客观评价学生的数字技能和职业素养的重要手段，有助于提高数字工匠的培养质量和水平。

六、评价方法及相应的评价结果运用

高职院校数字工匠人才评价体系是提高数字工匠人才培养质量和竞争力的重要手段，有助于培养出适应市场需求、具备专业技能和职业素养的数字工匠人才。同时，该评价体系还可以促进高职院校与行业企业的紧密合作，推动数字领域的创新和发展。

高职院校数字工匠人才评价体系的实施途径可以从以下几方面展开：

建立评价组织机构：成立由学校领导、专业教师、企业代表、行业专家等组成的数字工匠人才评价体系工作小组，负责制定评价标准、实施评价和反馈评价结果。

设立专门的教学质量评估机构，负责监督和评估数字工匠人才的培养质量和教学过程。

制定评价标准与指标：根据市场需求、行业标准和高职院校实际情况，制定数字工匠人才评价的具体标准和指标。评价指标应包括人才培养目标、课程设置、教师队伍、实践教学、学生素质、社会服务与影响力等方面。

开展定期评价：定期组织对数字工匠人才的培养过程和成果进行评价，一般可考虑每年进行一次综合评价。在评价过程中，收集学生、教师、企业等利益相关者的反馈意见，及时调整和优化人才培养方案。

建立信息反馈机制：建立有效的信息反馈机制，将评价结果及时反馈给相关教师、学生和企业，促进其持续改进和提高。通过定期发布评价报告等形式，公示评价结果，接受公众监督和反馈。

加强校企合作与行业认证：加强高职院校与企业的合作，共同制定数字工匠人才培养标准和评价体系。引入行业认证和职业资格标准，将行业标准融入数字工匠人才评价体系中，提高人才培养质量和市场竞争力。

培训教师与提高实践能力：加强教师培训，提高教师的数字技能和职业素养，使其能够更好地适应市场需求和评价体系的要求。为教师提供实践机会，加强与企业的合作，提高教师的实践能力和教学水平。

优化课程设置与教学内容：根据行业需求和市场趋势，优化课程设置和教学内容，确保人才培养的质量和适应性。引入行业最新技术和趋势，更新教材和教学资源，保持教学内容的领先性和创新性。

加强学生综合素质培养：在评价体系中注重学生的综合素质培养，包括团队协作、沟通能力、创新能力等。鼓励学生参加各类比赛和实践活动，提高学生的实践能力和综合素质。

跟踪毕业生发展与反馈：建立毕业生跟踪机制，了解毕业生的职业发展情况和发展成就。

将毕业生的反馈意见纳入评价体系中，及时调整和优化人才培养方案，提高人才培养质量和竞争力。

第六章 研究结论与展望

第一节 研究结论

本书从数字工匠研究概述、数字工匠的内涵解读、数字工匠标准构建理念与原则、数字工匠标准体系、高职院校数字工匠标准的实施路径等方面详细深入地阐述了数字工匠标准研究过程。

数字化是未来教育发展的必然趋势，数字工匠是职业教育育人，也是职业教育现代化的必然要求。职业教育数字化转型，为增强职业教育适应性提供了战略契机，将会给职业教育带来整体性、系统性变革，使职业教育人才培养从大规模标准化，走向大规模个性化，促进职业教育提高质量、提升形象。未来，需要进一步聚焦职业教育数字化转型所面临的更加具体的现实问题，如数字化转型下职业教育实践教学的模式研究、职业教育数字化、教学评价等相关研究等。随着职业教育数字化转型和相关研究的不断深入，职业教育也必将更加"有学头、有盼头、有奔头"。要把握好数字化转型的契机，通过数字化思维来重构现代职业教育体系，实现培养数以亿计的具有数字化素养的技术技能人才、能工巧匠、大国工匠的战略目标，从而推动职业教育从"大有可为"走向"大有作为"。

数字工匠的培养应注重前瞻性布局，以数字产业化和产业数字化的人才需求为导向，培养更多具有复合能力的数字工匠。通过深化产教融合，与行业、企业紧密合作，共同制定培养计划和方案，更好地满足市场需求。这种模式可以有效地将行业最新的技术和发展趋势融入教学中，提高人才培养的针对性和实用性。随着技术的不断发展和融合，单一学科的知识已经不能满足数字工匠的培养要求。因此，需要注重跨学科的学习和培养，包括计算机科学、数据分析、人工智能、网络安全等，以培养具有复合能力的数字工匠。数字工匠的培养需要注重实践能力和创新精神的培养。通过加大实践教学的比重，提高学生的实践能力和解决问题的能力。同时，需要鼓励学生参与创新活动，培养他们的创新意识和能力。通过与国际知名企业和高校合作，引进国际先进的理念、技术和教学资源，可以提升我国数字工匠的培养水平和国际化程度。同时，也可以为学生提供更广阔的视野和机会，培养具有国际竞争力的数字工匠。师资队伍的质量直接影响到数字工匠的培养质量。因此，需要加强师资队伍建设，提高教师的专业素养和行业经验，以更好地指导学生。同时，也需要鼓励教师参与行业实践和科研活动，提高教师的实践能力和创新意识。数字工匠的培养需要前瞻性布局，以数字产业化和产业数字化的人才需求为导向，通过建立产教融合的培养模式、强调交叉学科的学习、强化实践能力和创新精神的培养、推进国际化合作和加强师资队伍建设等措施，培养更多具有复合能力的数字工匠，为我国的数字经济发展做出贡献。

在学生知识模块中应充实更多数字技术技能教学内容和实操环节，搭建校企合作培养平台，培养既有行业技术背景又有数字化素养的复合型、创新型高技能人才。要统筹发挥智能制造企业、工业互联网行业、职业院校、技工学校的作用，重点筛选一批行业龙头企业与相关院校共建共管数字技术职业学院，聚焦数字技术新职业、新工种和紧缺岗位，加强职业技能培训，提高与市场需求的契合度。建立数字技术公共实训基地，推动共建共享，打造数字技术职业技能培训线上平台。制定发布数字技术新职业标准，积极引导劳动者参加培训和市场主体招聘用工。

广泛组织开展数字技能岗前培训、在岗培训和转岗培训，将数字技能相关职业（工种）高级技师纳入省级高级技师岗位技能提升培训范围。对数字经济的人才需求进行科学预测，在高等院校、职业技术院校等丰富、充实、新设相关专业。高职院校数字工匠标准的研究结论强调了前瞻性布局的重要性、复合型技能人才的培养、以市场需求为导向的职业技能培训以及科学预测数字经济的人才需求等。

第二节 展望

高职院校数字工匠的标准不仅应关注当前的需求，还应当考虑未来的发展趋势。以下是对高职院校数字工匠标准的一些展望。

专业技能的持续更新：随着技术的不断进步，数字工匠所需的专业技能也可能发生变化。未来的数字工匠不仅需要掌握基本的编程、数据库管理和视觉设计等技能，还需要了解和掌握新的技术，如人工智能、机器学习、大数据分析等。因此，数字工匠需要具备持续学习的能力，以适应不断变化的技术环境。

创新思维的培养：在面对日益复杂和多变的问题时，创新思维显得尤为重要。未来的数字工匠需要具备在既有技术和新知识的基础上，提出并实施创新解决方案的能力。这可能需要培养他们的批判性思维、问题解决能力和团队协作能力。

数据伦理和责任：随着数据使用的日益普遍，数据安全、隐私保护和伦理问题也日益突出。未来的数字工匠不仅需要了解数据处理和分析的技术，还需要理解和遵守相关的数据伦理和法规。

跨学科知识：随着各行业数字化的推进，数字工匠可能需要面对的问题越来越具有综合性。他们不仅需要具备数字技术方面的知识，还需要理解其他学科的知识，如经济学、社会学、心理学等。

全球化视野：随着全球化的深入，数字工匠也需要具备全球化的视野。他们需要了解不同文化背景下的技术使用和问题解决方式，也需要具备跨文化沟通的能力。

行业需求与发展趋势：深入研究数字行业的发展趋势和市场需求，了解数字工匠在未来的职业发展路径和技能需求。通过与行业领袖、企业家的交流和合作，掌握行业发展的最新动态和前景，为数字工匠标准的制定提供有力的依据。

技能与知识体系：对数字工匠所需具备的技能和知识体系进行深入研究和梳理，明确核心技能和知识领域。同时，随着技术的不断更新和进步，需要不断更新和完善数字工匠的技能和知识体系，以适应市场发展的需求。

资格认证与培训：探讨如何建立和完善数字工匠的资格认证和培训体系，包括认证标准、培训内容、考核方式等。通过与相关机构、教育机构合作，为数字工匠提供专业、系统的培训和认证服务，提高其专业素养和综合能力。

国际比较与借鉴：研究国外数字工匠培养和资格认证的先进经验和做法，借鉴其成功案例，结合我国实际情况，进一步完善我国的数字工匠标准。同时，加强与国际同行之间的交流与合作，推动我国数字工匠标准的国际化发展。

持续改进与优化：定期对数字工匠标准进行评估和反馈，根据市场需求、行业发展、学生反馈等信息，及时调整和完善标准，使其更具现实意义和实践价值。

数字工匠标准的研究需要不断关注行业发展趋势和市场需求，深入探索技能和知识体系，建立完善的资格认证和培训体系，加强国际比较与借鉴，并持续改进和优化标准，以适应时代发展的要求。高职院校在培养数字工匠时，不仅需要关注现有的技能需求，还需要前瞻性地考虑未来的发展趋势，以培养出能够适应未来需求的数字工匠。

参考文献

一、中文文献

（一）期刊

[1] 柏洪武，徐益，钟富平. 数字工匠"学—做—创"人才培养模式构建与实施：以重庆工业职业技术学院机械设计与制造专业为例［J］. 职业技术教育，2020，41（29）.

[2] 高凤燕，郭峰. 由课程评价反观设计教育中"工匠精神"的缺失与重塑：以"数字界面设计"为例［J］. 艺术与设计（理论），2019，2（12）.

[3] 李晓娟，王屹. 技术赋能：职业院校教师数字素养的要义、挑战及提升［J］. 中国职业技术教育，2021（23）.

[4] 李亚兵，张少杰. 智能制造+新兴数字技术的多元共育人才培养研究与实践：以智能控制技术专业为例［J］. 才智，2023（3）.

[5] 林嘉. 劳动法视野下社会协商制度的构建［J］. 法学家，2016（3）.

[6] 刘自团，李齐，尤伟. "工匠精神"的要素谱系、生成逻辑与培育路径［J］. 东南学术，2020（4）.

[7] 尚文杰. 对工匠精神普遍性的两种理解［J］. 马克思主义哲学研究，2022（2）.

[8] 尚文杰. 工匠精神在科技领域的弘扬状况研究：数据来源于"上海工匠"选树活动［J］. 科学技术哲学研究，2022，39（5）.

[9] 宋建华，田伟华. 新时代高职机电一体化专业学生"一线三度"工匠精神的培育［J］. 西部素质教育，2019，5（22）.

[10] 孙圣勇. 饲料行业数字贸易人才的工匠精神培养：评《工匠精神》[J]. 中国饲料，2022（22）.

[11] 王宝友. 大力培养数字工匠 推动数字中国建设[J]. 智慧中国，2002（12）.

[12] 王洪艳. 高职教育与开放教育融合发展模式探索：以机电一体化系统综合实训课程为例[J]. 辽宁高职学报，2023，25（7）.

[13] 王克祥，徐倩倩. 信息时代的工匠精神：高校数字媒体艺术"双创"人才培养模式研究[J]. 大众文艺，2019（24）.

[14] 王磊，苗春雨. 数字经济背景下高校数字人才培养的路径探究[J]. 中国大学教学，2023（7）.

[15] 王伟平. 智能制造背景下数字工匠的三维数字化创新能力需求研究[J]. 华东科技，2022（12）.

[16] 王翔，余霄. 体制压力对地方政府数字人才诉求的结构化影响：基于政府数字化转型的背景[J]. 电子政务，2023（8）.

[17] 吴廖. 数字时代下的大国"工匠精神"[N]. 科学新闻，2016（12）.

[18] 赫拉利，徐筱玮. 尤瓦尔·赫拉利 未来，人工智能所做的决定，人类将不知道它为什么这么做[J]. 创业邦，2017（8）.

[19] 袁烽，王月阳. 瑞雪消融：天府农业博览园"瑞雪"多功能展示馆人机协作数字建构实践[J]. 建筑技艺，2023，29（4）.

[20] 张荣凡. 数字经济背景下河南高技能人才培养对策探究[J]. 人才资源开发，2023（9）.

[21] 张文元，罗云芳，沈萍，等. "三全育人"视域下数字工匠培养体系构建研究[J]. 电脑知识与技术，2023，19（16）.

[22] 周向军. 基于校企合作"导师学长工作室"培养高职学生工匠精神的路径研究：以高职院校数字媒体应用技术专业为例[J]. 职业，2020（6）.

[23] 朱露，王庚，胡德鑫，等. 工程教育专业认证标准的国际案例研究[J]. 高等工程教育研究，2022（3）.

[24] 祝黄河，孙兴. 人工智能时代劳动发展的逻辑与实践[J]. 思想理论教育导刊，2023（4）.

[25] 祝士明，张慕文. 职业教育数字化转型：动因、价值与路径[J]. 中

国教育信息化,2022,28(9).

（二）报纸

[1] 康琼艳.在数字化浪潮中彰显工匠力量[N].经济日报,2023-07-16(10).

[2] 马永青.打造数字工匠 为产业数字化奠定人才基础[N].工人日报,2022-07-04(7).

[3] 薛新龙,岳云嵩.世界各国如何构建数字人才体系[N].光明日报,2022-10-13(14).

（三）电子资源

[1] 中华人民共和国人力资源和社会保障部.新职业：人工智能工程技术人员就业景气现状分析报告[EB/OL].中华人民共和国人力资源和社会保障部,2020-04-30.

二、英文文献

[1] GRAMAZIO F, KOHLER M. Digital Materiality in Architecture[M]. Zurich: Lars Müller Publishers, 2008.

[2] LANKSHEAR C, KNOBEL M. Digital Literacies Concepts Policies and Practices[M]. New York: Peter-Lang Publishing Inc, 2008.

[3] TUNC A Ö, ASLAN P. Business Management and Communication Perspectives in Industry 4.0[M]. Beijing: Business Science Reference, 2019.

[4] ALMURBATI N, HEADLEY D, FORD P, et al. From Manual to Hybrid, Parametric Mashrabiya: Digital Workflow for the Re-Envisioning and Conservation of Eastern Architectural Screens and the Engagement of Digital Tectonics[J]. The International Journal of Architectonic, Spatial, and Environmental Design, 2016, 10(2).

[5] DENARO G. Industry 4.0 and New Artisans: Between Hand-Crafted Design and Digital Production[J]. International Journal of Design Management and Professional Practice, 2020, 14(3).

附录1：信息与通信工程技术服务人员职业标准

信息和通信工程技术服务人员职业标准
Professional Standards for Information and Communication Engineering Technical Service Personnel

2023-06-10 发布　　　　　　　　　　2023-07-23 实施

重庆电讯职业学院　　发布

一、背景

随着通信技术的不断进步和全球通信市场的不断扩大，通信行业对专业人才的需求越来越大，要求也越来越高。为了满足这一需求，提高通信领域人才的专业素质和能力，中外合作制定通信领域国际职业标准变得十分必要。

在制定通信领域国际职业标准时，中外合作可以发挥各自的优势和经验，共同制定符合全球化趋势的标准和规范。中国在通信领域拥有丰富的经验和人才储备，而国外通信行业则拥有先进的技术和经验，两者结合可以促进通信领域的技术创新和行业发展。

中外合作制定通信领域国际职业标准还可以促进各国之间的职业资格认证和人才流动。通过制定统一的职业标准，可以避免不同标准之间的差异和冲突，为通信人才提供更加广阔的发展空间。同时，这也可以为通信行业的国际合作提供更加稳定和可靠的环境，有利于其全球扩张和经营。

1. 本《信息和通信工程技术服务人员职业标准》（以下简称《标准》）主要参考《中华人民共和国职业分类大典》，以"职业活动为导向，以职业技能为核心"为指导思想，并借鉴了美国标准职业分类系统（Standard Occupational Classification，SOC）中的相关内容，对信息和通信工程服务从业人员的职业活动内容进行规范和细致描述，对从业人员的技能水平和理论知识水平进行了明确规定。

2. 本《标准》审定单位：重庆电讯职业学院。

3. 本《标准》在开发过程中，得到了中国联通重庆分公司、中国通信产业服务公司、重庆惟觉科技有限公司等单位的大力支持，在此一并感谢。

4. 由于技术快速发展，本《标准》有效期为3~5年。届时，需根据当前劳动力市场情况制定新的职业标准。

二、开发单位

本《标准》开发单位：重庆电讯职业学院。

开发人员包括：

表1 开发人员

序号	单位名称	姓名	职务/职称	项目工作主要职责
1	重庆电讯职业学院	鲁军	院长	项目指导

续表

序号	单位名称	姓名	职务/职称	项目工作主要职责
2	重庆电讯职业学院	田绍川	系主任	项目实施
3	中国通信产业服务公司	何开国	总经理	企业专家
4	重庆惟觉科技有限公司	蒋家德	高级工程师	企业专家
5	中国联通重庆分公司	李永生	高级工程师	企业专家

三、概述

职业标准包含五方面内容：

（1）职业概况。包含职业名称、职业等级、职业定义、职业环境条件、职业能力特征、普通受教育程度、培训参考学时、职业技能鉴定要求。

（2）基本要求。包含职业道德、基础知识。

（3）职业功能大纲。

（4）工作要求。

（5）知识与技能权重表。

《标准》强调了信息和通信工程技术服务人员，为成功完成职业功能所必须具备的核心知识、技能、能力和个人素质，其中包括：

（1）光缆施工与维护；

（2）电缆施工与维护；

（3）天馈线施工与维护；

（4）杆路施工与维护；

（5）管道敷设与维护；

（6）楼宇布线与维护；

（7）技术管理；

（8）培训指导。

信息和通信工程技术服务人员
职业标准

1. 职业概况

1.1 职业名称

信息和通信工程技术服务人员。

1.2 职业等级

1级（掌握基本的职业技能和职业知识）。

1.3 职业定义

从事信息通信网络传输线路及天馈线架（敷）设和维护、综合布线系统及宽带接入的安装和维护等工作的人员。

1.4 职业环境条件

室内、室外，常温。

1.5 职业能力特征

具有一定的学习和计算能力；具有以语言或文字方式有效进行交流、表述的能力；具有获取、领会和理解外界信息的能力，以及分析、推理和判断的能力；具有一定的空间感和形体知觉、色觉；手指、手臂灵活，动作协调。

1.6 受教育程度

普通高中毕业或具备同等学力。

1.7 培训参考学时

80 标准学时。

1.8 职业技能鉴定要求

1.8.1 申报条件

具备以下条件之一者，可申报本等级：

(1) 累计从事本职业或相关职业工作 1 年（含）以上；

(2) 本职业或相关职业学徒期满。

1.8.2 鉴定方式

分为理论知识考试、技能考核和综合评审。理论知识考试以笔试、机考等方式为主，主要考核从业人员从事本职业应掌握的基本知识和相关知识；技能考核主要采用现场操作、模拟操作等方式进行，主要考核从业人员从事本职业应具备的技能水平；综合评审通常采取申报材料、答辩等方式，进行全面评议和审查。

理论知识考试、技能考核和综合评审均实行百分制，成绩皆达 60 分（含）以上者为合格。

2. 基本要求

2.1 职业道德

2.1.1 职业道德基本知识

2.1.2 职业守则

(1) 遵纪守法，爱岗敬业；

(2) 履职尽责，精益求精；

(3) 规范操作，爱护设备；

(4) 注重安全，文明生产；

(5) 诚实守信，团结协作；

(6) 持续学习，敢于创新。

2.2 基础知识

2.2.1 职业规范知识

(1) 通信线路施工、维护岗位规范；

(2) 服务规范，服务流程；

(3) 企业及客户的权利、义务、责任。

2.2.2 通信线路专业基础知识

(1) 通信网概述；

(2) 电路分析基础知识；

(3) 电子电路基础知识；

(4) 数字电路基础知识；

(5) 光纤通信基础知识。

2.2.3 通信线路专业理论知识

(1) 电缆线路知识；

(2) 光缆线路知识；

(3) 杆线线路知识；

（4）通信管道知识；

（5）天馈线传输线路知识；

（6）光电传输基本原理；

（7）通信线路安全操作规程；

（8）通信线路的新知识与智能线路设备。

2.2.4 计算机等用户终端基础知识

（1）计算机构成及主要功能；

（2）计算机常用软件的安装和使用；

（3）计算机防病毒基础知识；

（4）计算机网络基础知识；

（5）路由器设置基础知识。

2.2.5 其他知识

（1）档案资料整理、保管；

（2）安全用电知识；

（3）防雷、防火、防爆、防有毒有害气体知识。

2.2.6 相关法律法规知识

（1）劳动法相关知识；

（2）网络安全法相关知识。

3. 职业功能大纲

表2 职业功能大纲

职业功能	工作内容		
1. 光缆施工与维护	1.1 光缆测试	1.2 光缆接续	
2. 电缆施工与维护	2.1 电缆测试	2.2 电缆接续	
3. 天馈线施工与维护	3.1 天线安装	3.2 馈线安装	
4. 杆路施工与维护	4.1 杆路架设	4.2 拉线制作	4.3 吊线安装
5. 管道敷设与维护	5.1 管道开挖与回填	5.2 管道勘察、测量	5.3 道、人（手）孔铺设
6. 楼宇布线与维护	6.1 用户终端安装	6.2 用户终端测试	

4. 工作要求

表 3　光缆施工与维护人员工作要求 1

职业	光缆施工与维护人员	职业等级	1 级
职业功能	光缆施工与维护	职业功能编号	101
工作内容	光缆测试	工作内容编号	1011
考核标准	\multicolumn{3}{c}{执行此工作的人员必考：光缆施工与维护}
工作环境	\multicolumn{3}{c}{室内、室外、常温}

理论知识要求	实践技能要求
1. 理论 1.1 光时域反射仪（OTDR）的使用方法 1.2 光缆的结构、类型 1.3 光缆尾纤连接器的型号分类 2. 必备技巧 2.1 沟通技巧 2.2 团队合作能力 2.3 创新精神 2.4 学习能力 3. 职业素养 3.1 正直品格 3.2 团队合作 3.3 客户关怀 3.4 服务规范	执行此工作的人员必须能够做到以下操作： 1. 能连接光时域反射仪（OTDR）电源、测试尾纤、光缆 2. 能测试光缆金属护套、金属加强芯的对地绝缘特性 3. 能根据光缆型号识别光缆的模式、程式、结构类型 4. 能通过光缆出厂检验单查看光缆端别、长度和光纤折射率、光纤色谱、光纤性能指标 5. 能识别尾纤连接器

表4　光缆施工与维护人员工作要求2

职业	光缆施工与维护人员	职业等级	1级
职业功能	光缆施工与维护	职业功能编号	101
工作内容	光缆接续	工作内容编号	1012
考核标准	执行此工作的人员必考：光缆施工与维护		
工作环境	室内、室外，常温		

理论知识要求	实践技能要求
1. 理论 1.1 能开剥光缆、束管并去除光纤涂敷层 1.2 能安装光缆接头盒并在接续完毕后进行封装 1.3 能对直埋、架空、管道光缆余长进行盘留、绑扎 1.4 能按顺序排列光缆束管并根据束管顺序判断光缆的端别 2. 必备技巧 2.1 沟通技巧 2.2 团队合作能力 2.3 创新精神 2.4 学习能力 3. 职业素养 3.1 正直品格 3.2 团队合作 3.3 客户关怀 3.4 服务规范	执行此工作的人员必须能够做到以下操作： 1. 光缆开剥的方法、步骤 2. 光缆接头盒安装和封装方法

表5　电缆施工与维护人员工作要求1

职业	电缆施工与维护人员	职业等级	1级
职业功能	电缆施工与维护	职业功能编号	201
工作内容	电缆测试	工作内容编号	2011
考核标准	执行此工作的人员必考：电缆施工与维护		
工作环境	室内、室外，常温		
理论知识要求		实践技能要求	
1. 理论 1.1 电缆的电气特性（断线、混线、绝缘） 1.2 万用表和兆欧表的使用方法 1.3 数字式万用表的使用方法 2. 必备技巧 2.1 沟通技巧 2.2 团队合作能力 2.3 创新精神 2.4 学习能力 3. 职业素养 3.1 正直品格 3.2 团队合作 3.3 客户关怀 3.4 服务规范		执行此工作的人员必须能够做到以下操作： 1. 能用各类万用表判断电缆断线和混线障碍 2. 能用兆欧表测试电缆绝缘特性	

表6 电缆施工与维护人员工作要求2

职业	电缆施工与维护人员	职业等级	1级
职业功能	电缆施工与维护	职业功能编号	201
工作内容	电缆接续	工作内容编号	2012
考核标准	执行此工作的人员必考：电缆施工与维护		
工作环境	室内、室外，常温		
理论知识要求		实践技能要求	
1. 理论 1.1 电缆的基本型号与结构 1.2 电缆的基本色谱与端别 1.3 电缆的标准开剥规范 1.4 纽扣接线子的使用方法 1.5 小对数分线盒的制作与安装规范 2. 必备技巧 2.1 沟通技巧 2.2 团队合作能力 2.3 创新精神 2.4 学习能力 3. 职业素养 3.1 正直品格 3.2 团队合作 3.3 客户关怀 3.4 服务规范		执行此工作的人员必须能够做到以下操作： 1. 能识别电缆型号、结构 2. 能识别电缆色谱 3. 能按标准开剥电缆并用纽扣接线子接续30对以下电缆 4. 能制作、安装20对以下分线盒	

表7 天馈线施工与维护人员工作要求1

职业	天馈线施工与维护人员	职业等级	1级
职业功能	天馈线施工与维护	职业功能编号	301
工作内容	天线安装	工作内容编号	3011
考核标准	执行此工作的人员必考：天馈线施工与维护		
工作环境	室外，常温		
理论知识要求	实践技能要求		
1. 理论 1.1 天线设备搬运要求 1.2 天线设备完好性检查要点 1.3 北斗定位系统天线安装规范 1.4 天线接地线制作规范 2. 必备技巧 2.1 沟通技巧 2.2 团队合作能力 2.3 创新精神 2.4 学习能力 3. 职业素养 3.1 正直品格 3.2 团队合作 3.3 客户关怀 3.4 服务规范	执行此工作的人员必须能够做到以下操作： 1. 能按规范要求搬运需进场安装的天线设备 2. 能检查进场材料完好情况并备齐配件 3. 能安装北斗定位系统天线 4. 能制作天线接地线		

表 8　天馈线施工与维护人员工作要求 2

职业	天馈线施工与维护人员	职业等级	1 级
职业功能	天馈线施工与维护	职业功能编号	301
工作内容	馈线安装	工作内容编号	3012
考核标准	执行此工作的人员必考：天馈线施工与维护		
工作环境	室外，常温		
理论知识要求		实践技能要求	
1. 理论 1.1 馈线设备搬运要求与设备检查要点 1.2 馈线绑扎的基本要求 1.3 馈线分类标准 1.4. 新型馈线 2. 必备技巧 2.1 沟通技巧 2.2 团队合作能力 2.3 创新精神 2.4 学习能力 3. 职业素养 3.1 正直品格 3.2 团队合作 3.3 客户关怀 3.4 服务规范		执行此工作的人员必须能够做到以下操作： 　1. 能搬运需进场安装的设备，确保不损伤设备 　2. 能识别馈线规格、型号 　3. 能整齐、平直、弯曲度一致地安装同轴电缆馈线 　4. 能整齐、平直、弯曲度一致地安装波导馈线 　5. 能绑扎水平、垂直馈线 　6. 能安装馈线标识牌	

表9 杆路施工与维护人员工作要求1

职业	杆路施工与维护人员	职业等级	1级
职业功能	杆路施工与维护	职业功能编号	401
工作内容	杆路架设	工作内容编号	4011
考核标准	执行此工作的人员必考：杆路施工与维护		
工作环境	室外，常温		
理论知识要求	实践技能要求		
1. 理论 1.1 杆路的基础知识 1.2 杆路作业规程 1.3 拉线长度的计算 2. 必备技巧 2.1 沟通技巧 2.2 团队合作能力 2.3 创新精神 2.4 学习能力 3. 职业素养 3.1 正直品格 3.2 团队合作 3.3 客户关怀 3.4 服务规范	执行此工作的人员必须能够做到以下操作： 1. 能挖电杆洞和地锚洞 2. 能使用脚扣上杆 3. 能进行杆上打眼		

表 10 杆路施工与维护人员工作要求 2

职业	杆路施工与维护人员	职业等级	1级
职业功能	杆路施工与维护	职业功能编号	401
工作内容	拉线制作	工作内容编号	4012
考核标准	执行此工作的人员必考：杆路施工与维护		
工作环境	室外，常温		
理论知识要求		实践技能要求	
1. 理论 1.1 夹板制作拉线上把的方法 1.2 夹板制作拉线中把的方法 2. 必备技巧 2.1 沟通技巧 2.2 团队合作能力 2.3 创新精神 2.4 学习能力 3. 职业素养 3.1 正直品格 3.2 团队合作 3.3 客户关怀 3.4 服务规范		执行此工作的人员必须能够做到以下操作： 1. 能用三眼双槽夹板制作拉线上把 2. 能用三眼双槽夹板制作拉线中把	

表11 杆路施工与维护人员工作要求3

职业	杆路施工与维护人员	职业等级	1级
职业功能	杆路施工与维护	职业功能编号	401
工作内容	吊线安装	工作内容编号	4013
考核标准		执行此工作的人员必考：杆路施工与维护	
工作环境		室外，常温	

理论知识要求	实践技能要求
1. 理论 1.1 护杆板等铁件安装方法 1.2 吊线上杆并固定步骤 2. 必备技巧 2.1 沟通技巧 2.2 团队合作能力 2.3 创新精神 2.4 学习能力 3. 职业素养 3.1 正直品格 3.2 团队合作 3.3 客户关怀 3.4 服务规范	执行此工作的人员必须能够做到以下操作： 1. 能安装铁件 2. 能将吊线挑上电杆并进行固定

表12 管道敷设与维护人员工作要求1

职业	管道敷设与维护人员	职业等级	1级
职业功能	管道施工与维护	职业功能编号	501
工作内容	管道开挖与回填	工作内容编号	5011
考核标准	执行此工作的人员必考：管道敷设与维护		
工作环境	室内、室外，常温		
理论知识要求		实践技能要求	
1. 理论 1.1 管道专用工具使用方法 1.2 沟、坑、槽放坡知识 1.3 土质识别方法 1.4. 专用智能仪器设备的使用 2. 必备技巧 2.1 沟通技巧 2.2 团队合作能力 2.3 创新精神 2.4 学习能力 3. 职业素养 3.1 正直品格 3.2 团队合作 3.3 客户关怀 3.4 服务规范		执行此工作的人员必须能够做到以下操作： 1. 能对沟、坑、槽进行放坡 2. 能对沟底土质更换 3. 能将管道两腮、顶部夯实 4. 专业工具设备的操作使用	

表13 管道敷设与维护人员工作要求2

职业	管道敷设与维护人员	职业等级	1级
职业功能	管道施工与维护	职业功能编号	501
工作内容	管道勘察、测量	工作内容编号	5012
考核标准	执行此工作的人员必考：管道敷设与维护		
工作环境	室内、室外，常温		

理论知识要求	实践技能要求
1. 理论 1.1 模板的规格与木桩支顶模板的方法 1.2 管道测量基本要求 2. 必备技巧 2.1 沟通技巧 2.2 团队合作能力 2.3 创新精神 2.4 学习能力 3. 职业素养 3.1 正直品格 3.2 团队合作 3.3 客户关怀 3.4 服务规范	执行此工作的人员必须能够做到以下操作： 1. 能钉管道沟、坑、槽水平木桩 2. 能扶持、放置水准仪塔尺

表14 管道敷设与维护人员工作要求3

职业	管道敷设与维护人员	职业等级	1级
职业功能	管道施工与维护	职业功能编号	501
工作内容	道、人（手）孔铺设	工作内容编号	5013
考核标准	执行此工作的人员必考：管道敷设与维护		
工作环境	室内、室外，常温		
理论知识要求		实践技能要求	
1. 理论 1.1 管道基础混凝土（水泥、沙、石）配比要求 1.2 钢筋制作方法 1.3 聚氯乙烯（PVC）管、水泥管接续标准 2. 必备技巧 2.1 沟通技巧 2.2 团队合作能力 2.3 创新精神 2.4 学习能力 3. 职业素养 3.1 正直品格 3.2 团队合作 3.3 客户关怀 3.4 服务规范		执行此工作的人员必须能够做到以下操作： 1. 能支撑管道沟、坑、槽、人（手）孔挡土板 2. 能制作管道基础 3. 能接续聚氯乙烯（PVC）管、水泥管	

表 15　楼宇布线与维护人员工作要求 1

职业	楼宇布线与维护人员	职业等级	1 级
职业功能	楼宇布线与维护	职业功能编号	601
工作内容	用户终端安装	工作内容编号	6011
考核标准	执行此工作的人员必考：楼宇布线与维护			
工作环境	室内、常温			

理论知识要求	实践技能要求
1. 理论 1.1 用户引入线和室内电话线的规格、类型、电气特性，以及架设、布线标准 1.2 网线规格、类型和电气特性，以及架设、布线标准 1.3 用户终端设备的安装方法 1.4 皮线光缆的规格、类型、特性及布放标准 1.5 智能楼宇布线方法及仪器设备使用 2. 必备技巧 2.1 沟通技巧 2.2 团队合作能力 2.3 创新精神 2.4 学习能力 3. 职业素养 3.1 正直品格 3.2 团队合作 3.3 客户关怀 3.4 服务规范	执行此工作的人员必须能够做到以下操作： 1. 能布放室内通信线缆 2. 能沿墙壁布放室外电缆、网线、皮线光缆 3. 能进行不同规格的电缆引入线之间的接续 4. 能安装各种用户终端设备 5. 能架设皮线光缆 6. 智能楼宇布线仪器设备的使用

表16 楼宇布线与维护人员工作要求2

职业	楼宇布线与维护人员	职业等级	1级
职业功能	楼宇布线与维护	职业功能编号	601
工作内容	用户终端测试	工作内容编号	6012
考核标准	执行此工作的人员必考：楼宇布线与维护		
工作环境	室内、常温		

理论知识要求	实践技能要求
1. 理论 1.1 查线电话机的使用方法 1.2 终端设备指示灯表示的含义 1.3 光功率计的使用方法 1.4 智能光纤设备的使用方法 2. 必备技巧 2.1 沟通技巧 2.2 团队合作能力 2.3 创新精神 2.4 学习能力 3. 职业素养 3.1 正直品格 3.2 团队合作 3.3 客户关怀 3.4 服务规范	执行此工作的人员必须能够做到以下操作： 1. 能用查线电话机判断线路故障 2. 能根据终端设备指示灯判断工作状态 3. 能用光功率计测试光纤到户（FTTH）用户端口的光功率 4. 智能光纤设备的使用

5. 知识与技能权重表

5.1 理论知识权重表

表 17 理论知识权重表

项目		比重（%）	对应课程
基本要求	职业道德	5	通信线路工程施工与监理 移动通信设备与实训 光传输设备与实训 通信技术综合实训
	基础知识	30	
相关知识要求	光缆施工与维护	10	
	电缆施工与维护	5	
	天馈线施工与维护	5	
	杆路施工与维护	15	
	管道敷设与维护	15	
	楼宇布线与维护	15	
合计		100	

5.2 技能要求权重表

表 18 技能要求权重表

项目		比重（%）	对应课程
技能要求	光缆施工与维护	20	通信线路工程施工与监理 移动通信设备与实训 光传输设备与实训 通信技术综合实训
	电缆施工与维护	10	
	天馈线施工与维护	10	
	杆路施工与维护	20	
	管道敷设与维护	20	
	楼宇布线与维护	20	
合计		100	

附录 2：数字工匠现代通信技术国家职业标准

数字工匠
现代通信技术国家职业标准

Digital Craftsman
National Professional Standards for Modern Communication Technology

2023-07-10 发布　　　　　　　　　　　　2023-08-23 实施

重庆电讯职业学院　　发布

一、专业名称（专业代码）

现代通信技术（510301）。

二、受教育程度

高等职业院校毕业或具备同等（以上）学力。

三、职业定义

从事现代通信技术和信息系统及通信业务支撑系统使用、维护和管理等工作的人员。

四、职业面向

本专业职业面向如表1所示

表1 本专业职业面向

所属专业大类（代码）	所属专业类（代码）	对应行业（代码）	主要职业类别（代码）	主要岗位群或技术领域举例
电子信息（61）	通信类（5103）	电信（631）	信息和通信工程技术人员（2-02-10）；信息通信业务人员（4-04-01）；信息通信网络维护人员（4-04-02）；广播电视传输服务人员（4-04-03）；信息通信网络运行管理人员（4-04-04）	通信工程技术；信息通信业务；信息通信网络机务；信息通信网络运行管理；三网融合末端

五、应具备能力

从事现代通信技术的专业技术人员应理想信念坚定，德、智、体、美、劳全面发展；具有一定的科学文化水平，良好的人文素养、职业道德和创新意识，精益求精的工匠精神，较强的就业能力和可持续发展的能力；具备现代通信基本原理、工程规范等基础理论知识和掌握通信工程项目施工与管理方法等基本技能；具有通信工程预算与设计、通信工程施工及质量监理、通信线路工程项目管理、FTTH设计、三网融合末端装维等能力。本专业面向电信行业的信息和通信工程技术人员、信息通信网络维护人员和信息通信网络运行管理人员等职业群，培养能够从事通信工程技术、信息通信网络机务和信息通信网络运行管理等工作的高素质技术技能人才。

六、素质、知识和能力要求①

从事现代通信技术相关工作技术人员应在素质、知识和能力等方面达到以下要求。

（一）素质

1. 政治思想素质：坚定拥护中国共产党领导和我国社会主义制度，在习近平新时代中国特色社会主义思想指引下，践行社会主义核心价值观，具有深厚的爱国情感和中华民族自豪感。

2. 法治观念与道德：崇尚宪法、遵纪守法、崇德向善、诚实守信、尊重生命、热爱劳动，履行道德准则和行为规范，具有社会责任感和社会参与意识。

3. 职业素质与态度：具有质量意识、环保意识、安全意识、信息素养、创新思维；具有求真务实、攻坚克难、精益求精的工匠精神，具有爱岗敬业、勤奋工作、淡泊名利、甘于奉献的老黄牛精神，较强的集体意识和严己宽人、谦虚谨慎、互利共赢的团队合作精神。(S)

4. 责任意识与奋斗精神：具有高度的责任心、责任感，具有自我管理能力，具有职业生涯规划的意识，勇于奋斗、乐观向上。(S)

5. 身体与心理素质：具有健康的体魄、心理和健全的人格，掌握基本运动知识和一两项运动技能，养成良好的健身与卫生习惯，良好的行为习惯。

6. 人文素质与艺术修养：具有一定的审美和人文素养，有较好的思维能力、语言文字表达能力和应变能力，应用语言文字，清晰地进行信息、思想、感情传递、表达和交流，具有一定的人文精神和人文情怀，能够形成一两项艺术特长或爱好。

7. 创新创业素质：启迪创新思维，萌发创新意识，培育创新精神，提高创新能力，具有诚实守信的做人意识和百折不挠的创业精神，具有独立获取知识的自学能力及终身学习理念，具有组织、协调、管理等基本领导能力。(S)

（二）知识

1. 政治、科学、文化知识：掌握必备的思想政治理论、科学文化基础知识和中华优秀传统文化知识。

2. 法律、安全、文明知识：熟悉与本专业相关的法律法规以及环境保护、

---

① (S) 表示数字工匠技能要求。

安全消防、文明生产等知识。

3. 通信电路基础知识：掌握与本专业相关的电路基础及数字通信基本理论知识。

4. 物联网基础知识：掌握物联网应用场景、技术规范。（S）

5. 数据通信基础知识：掌握现代数据通信网络拓扑结构、网络设备原理与功能。（S）

6. 单片机基础知识：掌握单片机工作原理、控制电路开发流程。

7. 移动通信网络基础知识：掌握移动通信基站开通、调测、验收与维护的流程与规范。（S）

8. 通信线路工程建设规范基础知识：掌握通信线路工程施工标准、施工流程、工程监理主要工作内容和相关法规知识。（S）

9. 通信工程终端装维基础知识：掌握三网融合末端安装及调试规范、FTTH设计标准、光传输原理相关知识。（S）

10. 通信工程制图基础知识：掌握通信线路及移动通信基站机房设计知识。（S）

11. 通信工程设计基础知识：掌握建设项目的基本概念、基本建设程序、工程造价，工程概预算编制、管理与审查的相关知识。（S）

（三）能力

1. 持续学习能力：具有探究学习、终身学习、分析问题和解决问题的能力。（S）

2. 表达、沟通能力：具有良好的语言、文字表达能力和沟通能力。

3. 基本办公能力：能够熟练应用办公软件，进行文档排版、方案演示、简单的数据分析等。

4. 电路分析应用能力：具备简单模拟电路分析和应用，数字门电路、集成触发器、时序逻辑电路和组合逻辑电路的应用能力。

5. 电子元件应用能力：具备常用电子元器件识别、基本应用、电路图识别和电路焊接能力。

6. 通信电路分析应用能力：具备通信电路的分析和应用能力，基本的数字通信设备的认知能力。

7. 单片机开发应用能力：具备单片机应用开发、简单电路设计和 C 语言编程能力。

8. 移动通信基站设计能力：具备绘制移动通信基站室内设计平面图、设备安装图、线缆走线图及室外天馈系统安装图的能力。(S)

9. 计算机网络组网能力：具备局域网组网、施工、交换机和路由器配置能力。(S)

10. 移动通信基站工程建设能力：具备移动通信基站设备安装、调试、维护、常见故障排除能力。(S)

11. 通信工程施工与监理能力：具备通信线路工程施工技术指导、施工质量监理、光纤熔接、馈线接头、网线接头和光纤接头制作能力。(S)

12. 网络终端调试装维能力：具备三网融合终端安装与调试、FTTH 终端线路工程设计能力。(S)

13. 通信工程概预算设计能力：具备通信工程的概预算、决算编制、工程报价及费用核算的能力。(S)

七、课程设置及学时安排

（一）课程设置

本专业课程主要包括公共基础课程和专业课程。

1. 公共基础课程

（1）必修课程

思想道德与法治、毛泽东思想和中国特色社会主义理论体系概论、习近平新时代中国特色社会主义思想概论、形势与政策、军事理论与军训、实用英语、应用数学、大学语文、信息技术、应用文写作、大学生心理健康、大学生体育与健康、创新创业教育、大学生职业发展与就业指导、劳动教育。

（2）选修课程

党史、中国近代史、国家安全教育、大学生安全教育、国学、艺术、美育等。

学校根据实际情况可开设具有本校特色的校本课程。

2. 专业课程

专业课程一般包括专业基础课程、专业核心课程、专业拓展课程，并涵盖实践性教学环节。学校可自主确定课程名称，但应包括以下主要教学内容。

(1) 专业基础课程

专业基础课程一般设置 6~8 门，包括：电路分析基础、电子技术基础、通信技术基础、物联网概论、单片机应用技术、通信工程制图、宽带与数据通信。

(2) 专业核心课程

专业核心课程一般设置 5~8 门，包括：通信线路工程施工与监理、通信工程概预算、移动通信设备与实训、光传输设备与实训、通信技术综合实训。

(3) 专业拓展课程

专业拓展课程包括：电信英语、Office 软件应用、移动互联网概论、无线网络优化、前沿通信技术、通信软件技术、客户关系管理、电子产品营销等。

3. 专业核心课程主要教学内容

专业核心课程主要教学内容如表 2 所示。

表 2 专业核心课程主要教学内容

序号	专业核心课程名称	主要教学内容
1	通信线路工程施工与监理	通信线路概述，电缆的构造及电气特性；光纤与光缆、通信电（光）缆的敷设及施工实训，线路施工技能实训，电（光）缆线路的测试和维护实训；通信电（光）缆线路工程查勘设计，工程概预算和工程验收；通信建设工程监理基础，通信建设工程监理，综合布线工程施工技术及监理
2	通信工程概预算	通信线路概述，电缆的构造及电气特性；光纤与光缆、通信电（光）缆的敷设及施工实训，线路施工技能实训，电（光）缆线路的测试和维护实训；通信电（光）缆线路工程查勘设计，工程概预算和工程验收；通信建设工程监理基础，通信建设工程监理，综合布线工程施工技术及监理
3	移动通信设备与实训	移动通信系统概述，GSM 系统的基本原理，第三代移动通信系统（3G）、第四代移动通信系统（4G）、第五代移动通信系统（5G）发展历程、现状、未来发展方向和关键技术，天馈线系统技术及安装实训，基站系统结构及参数设置实训，基站的建站及安装，基站系统的运行维护实训
4	光传输设备与实训	光传输基础知识，SDH 网络的搭建；传输网的业务配置，保护配置以及运行维护
5	通信技术综合实训	FTTH 基础知识，光缆网规划方法；FTTH 工程设计规范、FTTH 相关建设规范

4. 实践性教学环节

实践性教学环节主要包括实验、实训、实习、毕业设计、社会实践等。实训可在校内实验实训室、校外实训基地等开展完成；社会实践、顶岗实习、跟岗实习由学校组织，可在移动应用软件开发企业开展完成。实训实习主要包括电工电子实训、移动通信设备与实训、通信工程概预算实训、通信线路工程施工与监理实训、光传输设备与实训、通信技术综合实训等。应严格执行《职业学校学生实习管理规定》。

5. 相关要求

（1）构建"思政课程+课程思政"大格局，推进全员全过程全方位"三全育人"，实现思想政治教育与技术技能培养的有机统一。创新思政课程教学模式，让思政教育入耳、入脑、入心；梳理每一门课程蕴含的思想政治教育元素，发挥专业课程承载的思想政治教育功能，将课程思政渗透到专业课程中。

（2）实施全程贯通式就业指导。将"大学生职业发展与就业指导"课分为三个阶段，大一指导学生找回自信、审视大学生活，制定大学学习规划，举行"我的大学生活"演讲比赛；大二指导学生发掘优长，规划职业生涯，制定职业生涯规划，举行"我的人生"演讲比赛；大三指导学生树立正确的就业观念，挖掘自身优长，设计个人简历，举行"应聘技巧和模拟应聘大赛"。

（3）创新创业教育渗透人才培养始终。面向全体学生开设创新创业基础教育，启迪创新思维，萌发创新意识，发现培育"苗子"；挖掘专业课程中的创新创业元素，将创新创业教育渗透到专业课程中；开设"创新创业实践"选修课程、创新创业专题讲座，组织开展创意设计和创新创业大赛；开设"创新创业班"，在企业成功人士引领下开展创新创业实践。

（4）促进"书证融通"，积极参与实施"1+X证书"制度试点，将职业技能等级标准有关内容及要求有机融入专业课程教学，探索行业企业认可度高的有关职业技能证书，按一定规则折算为学历教育相应学分。

（5）发挥第二课堂作用，拓展学生人文素质。引导学生积极参加文化艺术周、体育竞技周、科技文化周、旅游文化周、演讲竞赛、创意设计竞赛、创业能力竞赛等活动。

（6）开设安全教育、社会责任、绿色环保、管理等人文素养、科学素养等方面的专题讲座（活动）；组织开展学生社团活动、德育活动、志愿服务活动和其他实践活动。

（二）学时安排

总学时一般为2800学时，每16~18学时折算1学分。公共基础课程学时一般不少于总学时的25%。实践性教学学时原则上不少于总学时的50%，其中，顶岗实习累计时间一般为6个月，可根据实际集中或分阶段安排实习时间。各类选修课程学时累计不少于总学时的10%。

八、教学基本条件

（一）师资队伍

1. 队伍结构

学生数与本专业专任教师数比例不高于25∶1，双师素质教师占专业教师比一般不低于60%，专任教师队伍的职称、年龄，形成合理的梯队结构。

2. 专任教师

具有高校教师资格和本专业领域有关证书；有理想信念，有道德情操，有扎实学识，有仁爱之心；具有通信工程、信息工程、电子信息工程、电子科学与技术等相关专业本科及以上学历；具有扎实的本专业相关理论功底和实践能力；具有较强的信息化教学能力，能够开展课程教学改革和科学研究；每5年累计不少于6个月的企业实践经历。

3. 专业带头人

具有副高及以上职称，能够较好地把握国内外移动通信行业、专业发展趋势，能广泛联系行业企业，了解行业企业对本专业人才的需求实际，教学设计、专业研究能力强，组织开展教科研工作能力强，在本区域或本领域具有一定的专业影响力。

4. 兼职教师

主要从移动通信相关企业聘任，具备良好的思想政治素质、职业道德和工匠精神，具有扎实的专业知识和丰富的实际工作经验，具有中级及以上相关专业职称，能承担课程与实训教学、实习指导等专业教学任务。

5. 团队建设

集体备课、协同教研，规范教案编写，做好课程总体设计和教学组织实施，创新模块化教学模式，积极探索教学方法。

(二) 教学设施

教学设施主要包括能够满足正常的课程教学、实习实训所需的专业教室、校内实训室和校外实训基地等。

1. 专业教室基本条件

一般配备黑（白）板、多媒体计算机、投影设备、音响设备，互联网接入或 WiFi 环境，并具有网络安全防护措施。安装应急照明装置并保持良好状态，符合紧急疏散要求、标志明显、保持逃生通道畅通无阻。

2. 校内实训室基本要求

（1）电子装配实训室

配备投影设备、白板、计算机，安装 Office、Protel 等软件；配备双路直流稳压电源、示波器、电路实验箱、模拟电路实验箱、数字电路实验箱、函数信号发生器、三用表等仪器和工具。用于电路与电子技术、电子装配基础等课程的教学与实训。

（2）单片机实训室

配备服务器、投影设备、白板；网络接入或 WiFi 环境；配备计算机，安装 Office、Visual C++、Turbo C++、Visual Studio、Keil C51、IAR 等软件、单片机实验箱。用于 C 语言程序设计、A8 嵌入式系统技术应用等课程的教学与实训。

（3）数据传输实训室

配备服务器、投影设备、白板；网络接入或 WiFi 环境；配备计算机，安装 Office、思科模拟器、CCS2000 等软件和宽带接入平台、数据网络平台、交换机、路由器等硬件。用于数据通信与移动互联网技术等课程的教学与实训。

（4）通信线路工程实训室

实训、考核用光纤熔接机、光功率计、万用表、网线测试仪。光纤、2M 线、同轴电缆、双绞线、电话线、扎带、无水酒精、棉花、热缩管、皮线光纤、皮线光纤头、焊锡丝、2M 接头、RJ-45 头。螺丝刀、切割刀、光纤钳、轨道条、定长开剥器、2M 压线钳、剥线钳、电烙铁、双绞线压线钳。

（5）FTTX 综合布线实训室

模拟人孔、手孔工作环境；模拟室外布线工作环境。模拟杆路、管道、直埋、墙壁、入局、入户光纤、光缆敷设方式。手电钻、卷尺、卡勾、膨胀螺丝。

(6) 基站建设与维护实训室

配备投影设备、白板、5G 分布式基站及天馈系统一套。配备红外线测距仪、坡度仪、军用罗盘、50 米皮卷尺等基站勘察类工具；1/2 英寸馈线刀、7/8 英寸馈线刀、美工刀、平锉刀、斜口钳、尖嘴钳、组合扳手、螺丝刀套装、防护手套、安全带、安全帽等基站馈线制作类工具；驻波比测试仪、万用表、地阻测试仪、扭力扳手、经纬仪、涂层测厚仪等基站维护类工具。用于基站勘察与设计、设备安装、天馈安装、网线、光纤、2M 线等各类接头制作及测试、天馈测试及故障定位、基站施工规范及验收等教学与实训。

3. 校外实训基地基本要求

具有稳定的校外实训基地。能够提供开展移动通信网络勘察、规划、设计、建设、监理、运营、维护等实训活动，实训设施齐备，实训岗位、实训指导教师明确，实训管理及实施规章制度齐全。

4. 校外实习基地基本要求

具有稳定的校外实习基地。能提供移动通信基站建设、基站开通与维护、无线网络优化、室内分布设计与施工等相关实习岗位，能涵盖当前移动通信产业发展的主流技术，可接纳一定规模的学生安排顶岗实习；能够配备相应数量的指导教师对学生实习进行指导和管理；有保证实习生日常工作、学习、生活的规章制度，有安全、保险保障。

5. 支持信息化教学方面的基本要求

具有利用数字化教学资源库、文献资料、常见问题解答等的信息化条件。引导鼓励教师开发并利用信息化教学资源、教学平台，创新教学方法、提升教学效果。

(三) 教学资源

主要包括能够满足学生专业学习、教师专业教学研究和教学实施需要的教材、图书及数字化资源等。

1. 教材选用基本要求

按照国家规定选用优质教材，禁止不合格的教材进入课堂。学校应建立由专业教师、行业专家和教研人员等参与的教材选用机构，完善教材选用制度，经过规范程序择优选用教材。

2. 图书文献配备基本要求

图书文献配备能满足人才培养、专业建设、教科研等工作的需要，方便师生查询、借阅。专业类图书文献主要包括：通信行业政策法规资料，有关通信技术的技术、标准、方法、操作规范以及实务案例类图书等。

3. 数字教学资源配置基本要求

建设、配备与本专业有关的音视频素材、教学课件、数字化教学案例库、虚拟仿真软件、数字教材等专业教学资源库，种类丰富、形式多样、使用便捷、动态更新、满足教学。

（四）质量管理

1. 学校和二级学院应建立专业建设和教学质量诊断与改进机制，健全专业教学质量监控管理制度，完善课堂教学、教学评价、实习实训、毕业设计以及专业调研、人才培养方案更新、资源建设等方面质量标准建设，通过教学实施、过程监控、质量评价和持续改进，达成人才培养规格。

2. 学校和二级学院应完善教学管理机制，加强日常教学组织运行与管理，定期开展课程建设水平和教学质量诊断与改进，建立健全巡课、听课、评教、评学等制度，建立与企业联动的实践教学环节督导制度，严明教学纪律，强化教学组织功能，定期开展公开课、示范课等教研活动。

3. 学校应建立毕业生跟踪反馈机制及社会评价机制，对生源情况、在校生学业水平、毕业生就业情况等进行分析，定期评价人才培养质量和培养目标达成情况。

4. 专业教研组织应充分利用评价分析结果有效改进专业教学，持续提高人才培养质量。

附录 3：数字工匠大师工作室建设指南

数字工匠大师工作室建设指南
Digital Craftsman Master Studio
Construction Guide

2023-08-15 发布　　　　　　　　　　　　　　2023-09-28 实施

重庆电讯职业学院　　发布

数字工匠大师工作室建设指南

1. 范围

本文件规定了数字工匠大师工作室建设指南的总体原则、建设要求、管理要求。

本文件适用于数字工匠大师工作室的建设及管理。

2. 规范性引用文件

本文件没有规范性引用文件。

3. 术语和定义

下列术语和定义适用于本文件。

3.1 数字工匠

数字工匠是指拥有信息通信技术专业技能和工匠精神，以及与信息通信技术专业技能互补协同的跨界人才。

3.2 工匠大师

工匠大师是指在国家"数字中国"的战略背景下，顺应数字化发展，具备专业、专一、细致、完美、追求极致精神的工匠之师。

4. 总体原则

4.1 创新性

应有效开展技术创新、管理创新、服务创新、制度创新等活动，增强学院的核心竞争力。

4.2 示范性

应充分发挥示范引领、集智创新、协同攻关、技能传承、精神培育等功能，促进学院技术创新活动发展，提升教职工技能素质。

4.3 可持续性

应通过创新活动不断创造价值，提高生存发展能力。

4.4 目标性

应达到保持创新服务及培养人才的可持续开展目标。

5. 建设要求

5.1 基本要求

5.1.1 所依托单位应具有法人资格，且工会组织健全。

5.1.2 应有明确的工作任务且有效运行1年以上。

5.1.3 应以数字工匠人才、数字技术带头人名字或单位名称命名。

5.1.4 应具有鲜明行业（区域）特点和工会元素，在全市范围内具有较大影响力，或在本辖区、本行业具有示范意义。

5.2 资源配置要求

5.2.1 应有面积适当、设备设施配套的固定工作场所。

5.2.2 应在工作室合适位置悬挂明显的工作室标识，并公开工作室的组织架构、目标任务、制度规定、年度计划等信息。

5.3 人员配置要求

5.3.1 应设1名领衔人。由学院评选的理论水平高、创新能力强和工作经验丰富的优秀模范、各类高技能数字人才或工匠人才担任。

5.3.2 成员应不少于3人。

5.3.3 成员应按照合理的专业特长、学历结构、职称结构配置。

5.3.4 应建立成员名册，格式内容见附录A表A.1。

5.4 创新项目要求

5.4.1 每年应至少申请或在研1个本单位或上级（行业）立项的创新课题或攻关项目。

5.4.2 每两年应至少有1项创新成果取得学院主管部门的认可。

5.4.3 应展示研究项目或相关成果的实物（模型）。

5.4.4 应有转化成果的应用或实践。

5.5 示范性要求

5.5.1 每年应至少由领衔人组织开展一次"传帮带"活动。

5.5.2 每年应至少在本学院开展一次总结推广先进经验或技术的活动。

6. 管理要求

6.1 学院应设有建设工作领导小组负责工作室建设和日常运行。

6.2 应建立各项管理制度和日常运行机制。管理制度包括但不限于：

a. 内部管理制度。包括目标与任务、工作职责、日常管理、考核评价。

b. 教育培训制度。包括培训时间、目的、内容、方式、层级及要求等。

c. 学习研究制度。包括学习研究的目的、时间、形式、频率、主要内容。

d. 创新制度。包括项目立项、实施管理、科研设备管理、项目的鉴定验收及成果管理、项目档案管理、奖励激励。

e. 成果转化制度。包括组织保障、实施步骤、收益分配。

f. 传帮带制度。包括周期、目标、内容、形式等。

g. 文化制度。包括精神文化、制度文化和物质文化。

6.3 应制定周期考核制度和年度工作计划，一般一个周期为三年。周期结束三个月前，应对工作室三年内的成果进行评估，三年内工作室相关人员应固定。

6.4 应建立工作台账，工作台账包括但不限于：

a. 应建立项目实施记录、项目考评记录，格式内容见附录 A 表 A.2。

b. 应建立创新成果记录，格式内容见附录 A 表 A.3。

6.5 应设置专项经费，建立经费使用台账，保障各项工作有序开展。

6.6 应常态性开展能力提升培训，建立成员提升情况档案。

6.7 应进行年度考核，对成绩突出的成员给予相应的精神和物质奖励，在评先表彰时给予倾斜。

6.8 应加强宣传引导。运用现场会、观摩会、学习交流会等方式，及时总结、推广工作室的经验和做法。

6.9 宜定期聘请第三方机构开展建设培训和专业指导，提升建设及管理水平。

6.10 应定期接受学院主管部门的监督和考评。

6.11 因领衔人变动导致工作室需要更名的，应按程序向学院主管部门申报。

附 录 A

（资料性）
数字工匠大师工作室建设指南所用表格

A.1 花名册

表 A.1 规定了数字工匠大师工作室花名册。

表 A.1 花名册

序号	姓名	性别	出生年月	学历	职称	二级学院

A.2 规定实施记录

表 A.2 规定了数字工匠大师工作室项目实施记录。

表 A.2 项目实施记录

序号	项目名称	项目负责人	项目成员	项目经费	开始日期	预计完成日期	考评情况	备注

A.3 创新成果记录

表 A.3 规定了数字工匠大师工作室创新成果记录。

表 A.3　创新成果记录

序号	创新成果名称	成果类型	成果领衔人及成员

附录4：数字工匠教学标准

数字工匠教学标准
Digital Craftsman Teaching Standardsl

2023-07-10 发布　　　　　　　　　　2023-08-23 实施

重庆电讯职业学院　　发布

现代通信技术专业（数字工匠）教学标准

一、专业名称（专业代码）
现代通信技术（510301）。

二、入学要求
普通高级中学毕业、中等职业学校毕业或具有同等学力者。

三、基本修业年限
三年。

四、职业面向
本专业职业面向如表1所示

表1 本专业职业面向

所属专业大类（代码）	所属专业类（代码）	对应行业（代码）	主要职业类别（代码）	主要岗位群或技术领域举例
电子信息（61）	通信类（5103）	电信（631）	信息和通信工程技术人员（2-02-10）；信息通信业务人员（4-04-01）；信息通信网络维护人员（4-04-02）；广播电视传输服务人员（4-04-03）；信息通信网络运行管理人员（4-04-04）	通信工程技术；信息通信业务；信息通信网络机务；信息通信网络运行管理；三网融合末端

五、培养目标
从事现代通信技术相关职业的人员应理想信念坚定，德、智、体、美、劳全面发展；具有一定的科学文化水平，良好的人文素养、职业道德和创新意识，精益求精的工匠精神，较强的就业能力和可持续发展的能力；掌握现代通信基本原理、工程规范等基础理论知识和通信工程项目施工与管理方法等基本技能；具有通信工程预算与设计、通信工程施工及质量监理、通信线路工程项目管理、

FTTH 设计、三网融合末端装维等能力；具有现代工匠精神和数字素养。本专业面向电信行业的信息和通信工程技术人员、信息通信网络维护人员和信息通信网络运行管理人员等职业群，培养能够从事通信工程技术、信息通信网络机务和信息通信网络运行管理等工作，适应产业数字化转型的高素质、复合型、数字化技术技能人才。

六、培养规格

本专业毕业生应在素质、知识和能力等方面达到以下要求。

（一）素质

1. 政治思想素质：坚定拥护中国共产党领导和我国社会主义制度，在习近平新时代中国特色社会主义思想指引下，践行社会主义核心价值观，具有深厚的爱国情感和中华民族自豪感。

2. 法治观念与道德：崇尚宪法、遵纪守法、崇德向善、诚实守信、尊重生命、热爱劳动，履行道德准则和行为规范，具有社会责任感和社会参与意识。

3. 职业素质与态度：具有质量意识、环保意识、安全意识、信息素养、创新思维；具有求真务实、攻坚克难、精益求精的工匠精神，具有爱岗敬业、勤奋工作、淡泊名利、甘于奉献的老黄牛精神，较强的集体意识和严己宽人、谦虚谨慎、互利共赢的团队合作精神。

4. 数字工匠精神：具有求真务实、攻坚克难、精益求精的工匠精神，崇尚劳动、热爱劳动、辛勤劳动的劳动精神，开拓进取、勇于尝试、敢于挑战的创新精神。

5. 责任意识与奋斗精神：具有高度的责任心、责任感，具有自我管理能力，具有职业生涯规划的意识，勇于奋斗、乐观向上。

6. 身体与心理素质：具有健康的体魄、心理和健全的人格，掌握基本运动知识和一两项运动技能，养成良好的健身与卫生习惯，良好的行为习惯。

7. 人文素质与艺术修养：具有一定的审美和人文素养，有较好的思维能力、语言文字表达能力和应变能力，应用语言文字，清晰地进行信息、思想、感情传递、表达和交流，具有一定的人文精神和人文情怀，能够形成一两项艺术特长或爱好。

8. 创新创业素质：启迪创新思维，萌发创新意识，培育创新精神，提高创新能力，具有诚实守信的做人意识和百折不挠的创业精神，具有独立获取知识的自学能力及终身学习理念，具有组织、协调、管理等基本领导能力；善于应用数字技术进行集成创新。

（二）知识

1. 政治、科学、文化知识：掌握必备的思想政治理论、科学文化基础知识和中华优秀传统文化知识。

2. 法律、安全、文明知识：熟悉与本专业相关的法律法规以及环境保护、安全消防、文明生产等知识。

3. 通信电路基础知识：掌握与本专业相关的电路基础及数字通信基本理论知识。

4. 物联网基础知识：掌握物联网应用场景、技术规范。

5. 数据通信基础知识：掌握现代数据通信网络拓扑结构、网络设备原理与功能。

6. 单片机基础知识：掌握单片机工作原理、控制电路开发流程。

7. 移动通信网络基础知识：掌握移动通信基站开通、调测、验收与维护的流程与规范。

8. 通信线路工程建设规范基础知识：掌握通信线路工程施工标准、施工流程、工程监理主要工作内容和相关法规知识。

9. 通信工程终端装维基础知识：掌握三网融合末端安装及调试规范、FTTH设计标准、光传输原理相关知识。

10. 通信工程制图基础知识：掌握通信线路及移动通信基站机房设计知识。

11. 通信工程设计基础知识：掌握建设项目的基本概念、基本建设程序、工程造价，工程概预算编制、管理与审查的相关知识。

（三）能力

1. 持续学习能力：具有探究学习、终身学习、分析问题和解决问题的能力。

2. 表达、沟通能力：具有良好的语言、文字表达能力和沟通能力。

3. 基本办公能力：能够熟练应用办公软件，进行文档排版、方案演示、简单的数据分析等。

4. 电路分析应用能力：具备简单模拟电路分析和应用，数字门电路、集成触发器、时序逻辑电路和组合逻辑电路的应用能力。

5. 电子元件应用能力：具备常用电子元器件识别、基本应用、电路图识别和电路焊接能力。

6. 通信电路分析应用能力：具备通信电路的分析和应用能力，基本的数字通信设备的认知能力。

7. 单片机开发应用能力：具备单片机应用开发、简单电路设计和 C 语言编程能力。

8. 移动通信基站设计能力：具备绘制移动通信基站室内设计平面图、设备安装图、线缆走线图及室外天馈系统安装图的能力。

9. 计算机网络组网能力：具备局域网组网、施工、交换机和路由器配置能力。

10. 移动通信基站工程建设能力：具备移动通信基站设备安装、调测、维护、常见故障排除能力。

11. 通信工程施工与监理能力：具备通信线路工程施工技术指导、施工质量监理、光纤熔接、馈线接头、网线接头和光纤接头制作能力。

12. 网络终端调试装维能力：具备三网融合终端安装与调试、FTTH 终端线路工程设计能力。

13. 通信工程概预算设计能力：具备通信工程的概预算、决算编制、工程报价及费用核算的能力。

七、课程设置及学时安排

（一）课程设置

本专业课程主要包括公共基础课程和专业课程。

1. 公共基础课程

（1）必修课程

思想道德与法治、毛泽东思想和中国特色社会主义理论体系概论、习近平新时代中国特色社会主义思想概论、形势与政策、军事理论与军训、实用英语、应用数学、大学语文、信息技术、应用文写作、大学生心理健康、大学生体育与健康、创新创业教育、大学生职业发展与就业指导、劳动教育。

（2）选修课程

党史、中国近代史、国家安全教育、大学生安全教育、国学、艺术、美育等。

学校根据实际情况可开设具有本校特色的校本课程。

2. 专业课程

专业课程一般包括专业基础课程、专业核心课程、专业拓展课程，并涵盖实践性教学环节。学校可自主确定课程名称，但应包括以下主要教学内容。

（1）专业基础课程

专业基础课程一般设置6~8门，包括：电路分析基础、电子技术基础、通信技术基础、物联网概论、单片机应用技术、通信工程制图、宽带与数据通信。

（2）专业核心课程

专业核心课程一般设置5~8门，包括：通信线路工程施工与监理、通信工程概预算、移动通信设备与实训、光传输设备与实训、通信技术综合实训。

（3）专业拓展课程

专业拓展课程包括：电信英语、Office软件应用、移动互联网概论、无线网络优化、前沿通信技术、通信软件技术、客户关系管理、电子产品营销等。

3. 专业核心课程主要教学内容

专业核心课程主要教学内容如表2所示。

表2 专业核心课程主要教学内容

序号	专业核心课程名称	主要教学内容
1	通信线路工程施工与监理	通信线路概述，电缆的构造及电气特性；光纤与光缆、通信电（光）缆的敷设及施工实训，线路施工技能实训，电（光）缆线路的测试和维护实训；通信电（光）缆线路工程查勘设计，工程概预算和工程验收；通信建设工程监理基础，通信建设工程监理，综合布线工程施工技术及监理
2	通信工程概预算	通信线路概述，电缆的构造及电气特性；光纤与光缆、通信电（光）缆的敷设及施工实训，线路施工技能实训，电（光）缆线路的测试和维护实训；通信电（光）缆线路工程查勘设计，工程概预算和工程验收；通信建设工程监理基础，通信建设工程监理，综合布线工程施工技术及监理
3	移动通信设备与实训	移动通信系统概述、GSM系统的基本原理、第三代移动通信系统（3G）、第四代移动通信系统（4G）、第五代移动通信系统（5G）发展历程、现状、未来发展方向和关键技术、天馈线系统技术及安装实训、基站系统结构及参数设置实训、基站的建站及安装、基站系统的运行维护实训

续表

序号	专业核心课程名称	主要教学内容
4	光传输设备与实训	光传输基础知识，SDH 网络的搭建；传输网的业务配置，保护配置以及运行维护
5	通信技术综合实训	FTTH 基础知识，光缆网规划方法；FTTH 工程设计规范；FTTH 相关建设规范

4. 实践性教学环节

实践性教学环节主要包括实验、实训、实习、毕业设计、社会实践等。实训可在校内实验实训室、校外实训基地等开展完成；社会实践、顶岗实习、跟岗实习由学校组织，可在移动应用软件开发企业开展完成。实训实习主要包括电工电子实训、移动通信设备与实训、通信工程概预算实训、通信线路工程施工与监理实训、光传输设备与实训、通信技术综合实训等。应严格执行《职业学校学生实习管理规定》。

5. 相关要求

（1）构建"思政课程+课程思政"大格局，推进全员全过程全方位"三全育人"，实现思想政治教育与技术技能培养的有机统一。创新思政课程教学模式，让思政教育入耳、入脑、入心；梳理每一门课程蕴含的思想政治教育元素，发挥专业课程承载的思想政治教育功能，将课程思政渗透到专业课程中。

（2）实施全程贯通式就业指导。将"大学生职业发展与就业指导"课分为三个阶段，大一指导学生找回自信、审视大学生活，制定大学学习规划，举行"我的大学生活"演讲比赛；大二指导学生发掘优长，规划职业生涯，制定职业生涯规划，举行"我的人生"演讲比赛；大三指导学生树立正确的就业观念，挖掘自身优长，设计个人简历，举行"应聘技巧和模拟应聘大赛"。

（3）创新创业教育渗透人才培养始终。面向全体学生开设创新创业基础教育，启迪创新思维，萌发创新意识，发现培育"苗子"；挖掘专业课程中的创新创业元素，将创新创业教育渗透到专业课程中；开设"创新创业实践"选修课程、创新创业专题讲座，组织开展创意设计和创新创业大赛；开设"创新创业班"，在企业成功人士引领下开展创新创业实践。

（4）促进"书证融通"，积极参与实施"1+X 证书"制度试点，将职业技能等级标准有关内容及要求有机融入专业课程教学，探索行业企业认可度高的有关职业技能证书，按一定规则折算为学历教育相应学分。

（5）发挥第二课堂作用，拓展学生人文素质。引导学生积极参加文化艺术周、体育竞技周、科技文化周、旅游文化周、演讲竞赛、创意设计竞赛、创业能力竞赛等活动。

（6）开设安全教育、社会责任、绿色环保、管理等人文素养、科学素养等方面的专题讲座（活动）；组织开展学生社团活动、德育活动、志愿服务活动和其他实践活动。

（二）学时安排

总学时一般为 2800 学时，每 16~18 学时折算 1 学分。公共基础课程学时一般不少于总学时的 25%。实践性教学学时原则上不少于总学时的 50%，其中，顶岗实习累计时间一般为 6 个月，可根据实际集中或分阶段安排实习时间。各类选修课程学时累计不少于总学时的 10%。

八、教学基本条件

（一）师资队伍

1. 队伍结构

学生数与本专业专任教师数比例不高于 25∶1，双师素质教师占专业教师比一般不低于 60%，专任教师队伍的职称、年龄，形成合理的梯队结构。

2. 专任教师

具有高校教师资格和本专业领域有关证书；有理想信念，有道德情操，有扎实学识，有仁爱之心；具有通信工程、信息工程、电子信息工程、电子科学与技术等相关专业本科及以上学历；具有扎实的本专业相关理论功底和实践能力；具有较强的信息化教学能力，能够开展课程数字化教学改革和科学研究；每 5 年累计不少于 6 个月的企业实践经历。

3. 专业带头人

具有副高及以上职称，能够较好地把握国内外移动通信行业、专业发展趋势，能广泛联系数字行业企业，了解数字行业企业对本专业人才的实际需求，教学设计、专业研究能力强，组织开展教科研工作能力强，在本区域或本领域具有一定的专业影响力。

4. 兼职教师

主要从移动通信相关企业聘任，具备良好的思想政治素质、职业道德和工匠精神，具有扎实的专业知识和丰富的实际工作经验，具有中级及以上相关专业职称，能承担课程与实训教学、实习指导等专业教学任务。

5. 团队建设

集体备课、协同教研，规范教案编写，做好课程总体设计和教学组织实施，创新模块化教学模式，积极探索教学方法。

（二）教学设施

教学设施主要包括能够满足正常的课程教学、实习实训所需的专业教室、校内实训室和校外实训基地等。

1. 专业教室基本条件

一般配备黑（白）板、多媒体计算机、投影设备、音响设备，互联网接入或 WiFi 环境，并具有网络安全防护措施。安装应急照明装置并保持良好状态，符合紧急疏散要求，标志明显，保持逃生通道畅通无阻。

2. 校内实训室基本要求

（1）电子装配实训室

配备投影设备、白板、计算机，安装 Office、Protel 等软件；配备双路直流稳压电源、示波器、电路实验箱、模拟电路实验箱、数字电路实验箱、函数信号发生器、三用表等仪器和工具。用于电路与电子技术、电子装配基础等课程的教学与实训。

（2）单片机实训室

配备服务器、投影设备、白板；网络接入或 WiFi 环境；配备计算机，安装 Office、Visual C++、Turbo C++、Visual Studio、Keil C51、IAR 等软件和单片机实验箱。用于 C 语言程序设计、A8 嵌入式系统技术应用等课程的教学与实训。

（3）数据传输实训室

配备服务器、投影设备、白板；网络接入或 WiFi 环境；配备计算机，安装 Office、思科模拟器、CCS2000 等软件和宽带接入平台、数据网络平台、交换机、路由器等硬件。用于数据通信与移动互联网技术等课程的教学与实训。

（4）通信线路工程实训室

实训、考核用光纤熔接机、光功率计、万用表、网线测试仪。光纤、2M

线、同轴电缆、双绞线、电话线、扎带、无水酒精、棉花、热缩管、皮线光纤、皮线光纤头、焊锡丝、2M接头、RJ-45头。螺丝刀、切割刀、光纤钳、轨道条、定长开剥器、2M压线钳、剥线钳、电烙铁、双绞线压线钳。

（5）FTTX综合布线实训室

模拟人孔、手孔工作环境；模拟室外布线工作环境。模拟杆路、管道、直埋、墙壁、入局、入户光纤、光缆敷设方式。手电钻、卷尺、卡勾、膨胀螺丝。

（6）基站建设与维护实训室

配备投影设备、白板、5G分布式基站及天馈系统一套。配备红外线测距仪、坡度仪、军用罗盘、50米皮卷尺等基站勘察类工具；1/2英寸馈线刀、7/8英寸馈线刀、美工刀、平锉刀、斜口钳、尖嘴钳、组合扳手、螺丝刀套装、防护手套、安全带、安全帽等基站馈线制作类工具；驻波比测试仪、万用表、地阻测试仪、扭力扳手、经纬仪、涂层测厚仪等基站维护类工具。用于基站勘察与设计、设备安装、天馈安装、网线、光纤、2M线等各类接头制作及测试、天馈测试及故障定位、基站施工规范及验收等教学与实训。

3. 校外实训基地基本要求

具有稳定的校外实训基地。能够提供开展移动通信网络勘察、规划、设计、建设、监理、运营、维护等实训活动，实训设施齐备，实训岗位、实训指导教师明确，实训管理及实施规章制度齐全。

4. 校外实习基地基本要求

具有稳定的校外实习基地。能提供移动通信基站建设、基站开通与维护、无线网络优化、室内分布设计与施工等相关实习岗位，能涵盖当前移动通信产业发展的主流技术，可接纳一定规模的学生安排顶岗实习；能够配备相应数量的指导教师对学生实习进行指导和管理；有保证实习生日常工作、学习、生活的规章制度，有安全、保险保障。

5. 支持信息化教学方面的基本要求

具有利用数字化教学资源库、文献资料、常见问题解答等的信息化条件。引导鼓励教师开发并利用信息化教学资源、教学平台，创新教学方法、提升教学效果。

（三）教学资源

主要包括能够满足学生专业学习、教师专业教学研究和教学实施需要的教材、图书及数字化资源等。

1. 教材选用基本要求

按照国家规定选用优质教材，禁止不合格的教材进入课堂。学校应建立由专业教师、行业专家和教研人员等参与的教材选用机构，完善教材选用制度，经过规范程序择优选用教材。

2. 图书文献配备基本要求

图书文献配备能满足人才培养、专业建设、教科研等工作的需要，方便师生查询、借阅。专业类图书文献主要包括：通信行业政策法规资料，有关通信技术的技术、标准、方法、操作规范以及实务案例类图书等。

3. 数字教学资源配置基本要求

建设、配备与本专业有关的音视频素材、教学课件、数字化教学案例库、虚拟仿真软件、数字教材等专业教学资源库，种类丰富、形式多样、使用便捷、动态更新、满足教学。

（四）质量管理

1. 学校和二级院系应建立专业建设和教学质量诊断与改进机制，健全专业教学质量监控管理制度，完善课堂教学、教学评价、实习实训、毕业设计以及专业调研、人才培养方案更新、资源建设等方面质量标准建设，通过定期对专业及学生表现进行审查考核，提交数字职业认证标准的教学审查报告，构建符合数字工匠职业认证标准的动态监测体系。

2. 学校和二级院系应完善教学管理机制，加强日常教学组织运行与管理，定期开展课程建设水平和教学质量诊断与改进，建立健全的数字化评教、评学等制度，建立与企业联动的实践教学环节督导制度，严明教学纪律，强化教学组织功能，定期开展公开课、示范课等教研活动。

3. 学校应建立毕业生数字化跟踪反馈机制及社会评价机制，对生源情况、在校生学业水平、毕业生就业情况等进行分析，定期评价人才培养质量和培养目标达成情况。

4. 专业教研组织应充分利用数字化评价方式有效改进教学，持续提高数字人才培养质量。

汽车制造与试验技术专业（数字工匠）教学标准

一、专业名称（专业代码）

汽车制造与试验技术（460701）。

二、入学要求

普通高级中学毕业、中等职业学校毕业或具备同等学力者。

三、基本修业年限

三年。

四、职业面向

本专业职业面向如表1所示

表1　本专业职业面向

所属专业大类（代码）	所属专业类（代码）	对应行业（代码）	主要职业类别（代码）	主要岗位群或技术领域举例
装备制造大类（46）	汽车制造类（4607）	汽车制造业（36）	汽车整车制造人员（6-22-02）；汽车工程技术人员（2-02-07-11）；汽车零部件、饰件生产加工人员（6-22-01）；生产组织与管理工程技术人员（2-02-34-04）	汽车装配与调试；汽车质量与性能检测；汽车零部件加工；产品检验和质量管理；汽车整车与部件试验；汽车技术服务与营销；生产现场管理

五、培养目标

本专业坚持"立德树人"的原则，培养理想信念坚定，德、智、体、美、劳全面发展，具有一定的科学文化水平，良好的人文素养、职业道德和创新意识，精益求精的工匠精神，较强的就业能力和可持续发展的能力，掌握扎实的科学文化知识和汽车技术原理、装调工艺、质量检验标准、试验规程等知识，具备汽车样品试验、整车装调、车辆下线检测、故障车辆返修、生产现场组织管理、汽车技术培训等能力，具有现代工匠精神和数字素养，面向汽车工程技术人员，汽车运用工程技术人员，汽车整车制造人员，汽车零部件、饰件生产加工人员，检验试验人员，机动车检测工等职业，能够从事汽车整车和总成样品试制、试验、成品装配、调试、测试、质量检验及相关工艺管理和现场管理，车辆返修及售前售后技术支持等工作，适应产业数字化转型的高素质应用型、发展型、复合型、创新型的数字化高技能人才。

六、培养规格

本专业毕业生应在素质、知识和能力等方面达到以下要求。

（一）素质

1. 坚定拥护中国共产党领导和我国社会主义制度，在习近平新时代中国特色社会主义思想指引下，践行社会主义核心价值观，具有深厚的爱国情感和中华民族自豪感；

2. 崇尚宪法、遵纪守法、崇德向善、诚实守信、尊重生命、热爱劳动，履行道德准则和行为规范，具有社会责任感和社会参与意识；

3. 具有质量意识、环保意识、安全意识、数字素养、工匠精神、创新思维；具有求真务实、攻坚克难、精益求精的工匠精神，具有爱岗敬业、勤奋工作、淡泊名利、甘于奉献的老黄牛精神，较强的集体意识和严己宽人、谦虚谨慎、互利共赢的团队合作精神；

4. 具有求真务实、攻坚克难、精益求精的工匠精神，崇尚劳动、热爱劳动、辛勤劳动的劳动精神，开拓进取、勇于尝试、敢于挑战的创新精神；

5. 具有高度的责任心、责任感，具有自我管理能力，具有职业生涯规划的意识，勇于奋斗、乐观向上；

6. 具有健康的体魄、心理和健全的人格，掌握基本运动知识和一两项运动技能，养成良好的健身与卫生习惯，以及良好的行为习惯；

7. 具有一定的审美和人文素养，能够形成一两项艺术特长或爱好；

8. 善于应用数字技术进行集成创新的能力。

（二）知识

1. 掌握必备的思想政治理论、科学文化基础知识和中华优秀传统文化知识；

2. 熟悉与本专业相关的法律法规以及环境保护、安全消防等知识；

3. 掌握机械制图、机械基础、典型机械零部件结构特点及其数字化设计计算知识和数字化选型的方法；

4. 掌握公差配合与测量技术、误差分析与数据处理的基础理论和基本知识；

5. 掌握电工电子、汽车电气设备与维修、液压与气动等基础理论和基本知识；

6. 掌握车载网络与总线系统、车载无线通信系统的测试分析与故障检修技术技能；

7. 掌握汽车发动机和汽车底盘的基本构造和工作原理；

8. 掌握新能源汽车的组成、工作原理及使用维护，了解智能网联汽车的关键技术；

9. 掌握汽车整车制造的冲压工艺、焊装工艺、喷涂工艺及总装工艺过程；

10. 掌握汽车性能检测及故障诊断的分析思路及解决方法；

11. 熟悉质量管理、车间作业管理、设备管理、生产布局和组织的专业知识；

12. 熟悉物流管理、供应链管理、项目管理、信息管理、统计分析等基础知识；

13. 掌握智能制造技术在现代汽车制造业中的应用以及制造过程中自动化、数字化生产流程；

14. 了解产品运营、数据库、数字办公软件与数字平台基础知识；

15. 了解工业机器人在汽车制造领域中的应用和发展动态。

（三）能力

1. 具有探究学习、终身学习和持续发展的能力；

2. 具有良好的语言、文字表达能力和沟通能力；

3. 能够熟练应用数字办公软件，进行文档排版、方案演示、简单的数据分析等；

4. 具有汽车和总成样品试制试验、成品装配调试环节识读工艺卡作业、工艺管理及工艺改善的能力；

5. 具有汽车总装生产线故障车辆维修的能力；

6. 具有整车质量检验与标定的能力；

7. 具有汽车生产现场班组、设备、质量、安全生产等组织管理的能力；

8. 具有规范使用装配专用工具，完成发动机装配及汽车部件装配的能力；

9. 具有汽车试验台架搭建、试验数据采集与分析及解决试验过程问题的能力；

10. 具有解决汽车售后产品质量问题的能力；

11. 具有对汽车车身冲压工艺质量、焊装工艺质量、涂装工艺质量、汽车装配质量进行检测的能力；

12. 具备汽车产品制造加工生产的能力；

13. 具备识读汽车整车及车载电子设备电路文件的能力；

14. 具备学习新技术和新工艺的能力；

15. 具备运用工业工程相关知识对车间、产线进行规划布局的能力；

16. 具备运用生产工具和工业工程技术手段提高生产效率，实现智能化、数字化生产的能力；

17. 具备能在产品制造过程的质量统计、分析、控制和追溯的能力；

18. 具备一定的生产现场管理、项目管理和推进能力；

19. 具备三维模型构建、强化数字化设计实践、数字化设计的创新能力；

20. 具有适应汽车产业数字化发展需求的能力，了解汽车相关产业文化，遵守职业道德准则和行为规范，具有社会责任感和担当精神。

七、课程设置及学时安排

（一）课程设置

本专业课程主要包括公共基础课程和专业课程。

1. 公共基础课程

根据党和国家有关文件规定，将思想道德与法治、毛泽东思想和中国特色社会主义理论体系概论、习近平新时代中国特色社会主义思想概论、形势与政策、军事理论与军训、国家安全教育、大学生职业发展与就业指导、大学生心理健康、大学生体育与健康等列入公共基础必修课；并将党史、中国近代史、劳动教育、创新创业教育、大学语文、信息技术、应用文写作、高等数学、公共外语、健康教育、美育课程、职业素养等列入必修课或选修课。

学校根据实际情况可开设具有本校特色的校本课程。

2. 专业课程

专业课程一般包括专业基础课程、专业核心课程、专业拓展课程，并涵盖实践性教学环节。学校可自主确定课程名称，但应包括以下主要教学内容。

(1) 专业基础课程

专业基础课程一般设置6~8门，包括：机械制图、汽车机械基础、电工电子技术、液压与气压传动、汽车构造、数字化工艺设计、C语言程序设计等。

(2) 专业核心课程

专业核心课程一般设置6~8门，包括：新能源汽车技术、汽车装配与调试技术、汽车试验技术、汽车故障诊断技术、汽车数字化生产管理、智能网联汽车技术、汽车三维设计等。

(3) 专业拓展课程

专业拓展课程包括：汽车驾驶技术、智能制造与工业物联网、数字化制造基础、工业机器人应用技术、汽车传感器应用技术、数字孪生与虚拟调试技术应用、汽车制造物流技术、汽车检测技术、车载网络及总线技术、数字化车间作业管理、ERP应用技术、MES应用、计算机辅助设计等。

3. 专业核心课程主要教学内容

专业核心课程主要教学内容如表2所示

表2 专业核心课程主要教学内容

序号	专业核心课程名称	主要教学内容
1	新能源汽车技术	混合动力汽车的结构、原理及工作特点；纯电动汽车的结构、原理与关键技术；燃料电池电动汽车的结构、原理与关键技术；不同种类动力蓄电池的结构、原理、性能及其管理系统；不同种类电动机的结构、原理及其管理系统；电动汽车的辅助系统等
2	汽车装配与调试	汽车发动机装配与调试、汽车底盘装配与调试、汽车内饰装配与调试、汽车总装与调试及汽车整车性能检测
3	汽车试验技术	汽车使用性能与检测技术、汽车动力性检测、汽车燃油经济检测、汽车制动性能检测、汽车的平顺性和通过性检测、汽车排放与噪声检测等
4	汽车故障诊断技术	汽车故障诊断与检修基础知识、汽车发动机故障诊断、汽车底盘故障诊断、汽车电气系统故障诊断、汽车空调系统及安全气囊系统故障诊断
5	汽车数字化生产管理	汽车制造企业生产车间的数字化建设，通过数字化、网络化、智能化等手段，进行生产过程的精准、精细、可视化、数字化管理，实现生产过程的有效控制

续表

序号	专业核心课程名称	主要教学内容
6	智能网联汽车技术	视觉传感器在智能网联汽车中的应用、雷达在智能网联汽车中的应用、高精度定位与导航系统、智能网联汽车路径规划与决策控制、汽车总线及车载网络技术、智能网联汽车通信技术和 ADAS 与智能网联汽车的应用
7	汽车三维设计	三维数字建模、产品装配、工程图样的绘制、产品运动仿真,以及输出装配体完整的三维实体模型、相关的二维零件图和装配的内容图

4. 实践性教学环节

实践性教学环节主要包括实验、实训、实习、毕业设计、社会实践等。实验实训可在校内实验实训室、校外实训基地等开展完成;社会实践、跟岗实习、顶岗实习可由学校组织在汽车制造企业开展完成。实训实习主要包括金工实习、机械制图实训、汽车发动机装配实训、汽车电器电路识读实训、新能源汽车仿真实训、焊接实训、汽车冲压实训、汽车装配线实训、底盘线控系统装调与测试实训、新能源汽车装调与测试实训、车载传感器安装与调试实训、无人车虚拟道路测试仿真实训等。

5. 相关要求

(1) 构建"思政课程+课程思政"大格局,推进全员全过程全方位"三全育人",实现思想政治教育与技术技能培养的有机统一。创新思政课程教学模式,让思政教育入耳、入脑、入心;梳理每一门课程蕴含的思想政治教育元素,发挥专业课程承载的思想政治教育功能,将课程思政渗透到专业课程中。

(2) 统筹安排各类课程设置,与国家数字职业标准规范深度对接,参照数字工匠职业认证标准设置相应指标,将数字工匠职业认证标准内容及要求有机融入教学。

(3) 数字化创新创业教育渗透人才培养始终。除面向全体学生开设数字化课程、建立创客空间、开展数字化探究实验等之外,还通过实施产学研一体化、建立创业孵化园、开展企业实践等方式,培养学生的数字化技能和创新创业能力。同时,可以通过举办各种形式的创新创业竞赛、创新创业讲座、邀请成功创业者分享经验等方式,激发学生的创新创业热情和兴趣。

（4）树立新时代正确的数字伦理和责任意识。引导学生规范数据使用，保护数据安全，实现自我突破和不断创新。

（5）开设安全教育、社会责任、绿色环保、管理等人文素养、科学素养等方面的专题讲座（活动），并将有关内容融入专业课程教学；组织开展学生社团活动、德育活动、志愿服务活动和其他实践活动。

（二）学时安排

总学时一般为 2800 学时，每 16~18 学时折算 1 学分。公共基础课学时一般不少于总学时的 25%。实践性教学学时原则上不少于总学时的 50%，其中，顶岗实习累计时间一般为 6 个月，可根据实际集中或分阶段安排实习时间。各类选修课程学时累计不少于总学时的 10%。

八、教学基本条件

（一）师资队伍

1. 队伍结构

学生数与本专业专任教师数比例不高于 25∶1，双师素质教师占专业教师比一般不低于 60%，专任教师队伍要考虑职称、年龄，形成合理的梯队结构。

2. 专任教师

专任教师应具有高校教师资格；有理想信念，有道德情操，有扎实学识，有仁爱之心；具有车辆工程、机械设计制造及其自动化相关专业本科及以上学历；具有扎实的车辆工程、机械工程、电气工程和自动化等相关理论功底和数字技术技能，具备跨学科知识能力；具有较强的数字化教学能力，能够开展课程数字化教学改革和科学研究；有每 5 年累计不少于 6 个月的企业实践经历。

3. 专业带头人

专业带头人原则上应具有副高及以上职称，具备数字化制造和工业 4.0 的知识和技能，能够较好把握国内外汽车制造业、装备制造业、自动化行业等专业发展，能广泛联系数字行业企业，了解数字行业企业对本专业人才的实际需求，教学设计、专业研究能力强，组织开展教科研工作能力强，在本区域或本领域内具有一定的专业影响力。

4. 兼职教师

兼职教师主要从本专业相关的行业企业聘任，具备良好的思想政治素质、职业道德和工匠精神，具有扎实的专业知识和丰富的实际工作经验，具有中级及以上相关专业职称，能承担专业课程教学、实习实训指导和学生职业发展规划指导等教学任务。

（二）教学设施

教学设施主要包括能够满足正常的课程教学、实习实训所需的专业教室、校内实训室和校外实训基地等。

1. 专业教室基本条件

专业教室一般配备黑（白）板、多媒体计算机、投影设备、音响设备，互联网接入或 WiFi 环境，并实施网络安全防护措施。安装应急照明装置并保持良好状态，符合紧急疏散要求，标志明显，保持逃生通道畅通无阻。

2. 校内实训室基本要求

（1）综合技能实训室

包含焊接、冲压、金工实习、机械加工实训。配备气体保护焊机、电阻点焊机、手工电弧焊机以及相应耗材；液压机、模具、上料平台、下料平台、安全防护装置；钳工实训台、车床、铣床、钻床、磨床以及配套工量具等设备，保证上课学生需求。

（2）数字控制技术实训室

配备数控机床、数字控制编程器等设备，用于进行数字控制技术实训，保证上课学生 2~3 人/台。

（3）计算机辅助设计实训室

配备机械制图教学模型、云桌面计算机，配备 CAD、CAE 等计算机辅助设计软件，用于进行汽车设计和模拟分析实习，保证上课学生需求。

（4）汽车制造实训室

包含汽车零部件、发动机、变速器关键部件，专用拆装工具、测量工具、故障诊断仪等，保证上课学生 4~5 人/台（套）。

（5）数字化制造实训室

包含计算机辅助设计、计算机辅助制造、3D 打印、工业机器人、自动化生产线等设备，用于进行数字化制造技术实训，保证上课学生需求。

（6）数字电工电子实训室

配备数字电路试验箱、可编程逻辑控制器、数字万用表、信号发生器、示波器等测量和分析设备，保证上课学生需求。

（7）汽车电器实训室

配备整车电路系统示教板、整车数据传输网络系统示教板、点火系统示教板、发动机电控系统示教板、整车电器实训台、照明系统实训台、空调系统实训台、安全气囊实训台等，以及配套的工卡量具、资料查询电脑、多媒体教学系统等设备仪器，用于汽车电器实训、汽车电路和电控实训等，保证上课学生需求。

（8）无人车虚拟道路测试仿真实训室

配备虚拟仿真系统、教学一体机、无人驾驶车辆模型、虚拟场景生成器、传感器、数据分析工具、投影仪、控制器和交换机等设备，保证上课需求。

（9）汽车装配线实训室

配备1条汽车整车生产线（至少5工位），包括机器人车架上线工位、前桥装配工位、后桥装配工位、车身翻转工位、合装工位和机器人涂胶工位。

（10）综合故障诊断实训室

配备教学车辆、举升机、废气排放系统、拆装工具、诊断仪及专用工具等，保证上课学生需求。

（11）汽车仿真实训室

配备虚拟仿真教学系统、系统对应的实训车、VR硬件设备、教学一体机等设备，保证上课需求。

（12）汽车性能数字化检测实训室

配备侧滑检验台、制动检验台、灯光检测仪、多工况底盘测功机、汽车四轮定位仪、废气分析仪等设备，保证上课需求。

3. 校外实训基地基本要求

具有稳定的校外实训基地。能够开展汽车装配、汽车调试、车身制造、产品检验和质量管理、零部件加工、数字技能培训等实训活动，实训设施齐备，实训岗位、实训指导教师明确，实训管理及实施规章制度齐全。

4. 校外实习基地基本要求

具有稳定的校外实习基地。能提供汽车装配、汽车整车调试及性能检测、产品检验和质量管理等相关实习岗位，能涵盖当前相关产业发展的主流技术，可接纳一定规模的学生实习；能够配备相应数量的指导教师对学生实习进行指导和管理；有保证实习生日常工作、学习、生活的规章制度，有安全、保险保障。

5. 数字化教学方面的基本要求

具有可利用的数字化教学资源库、文献资料、常见问题解答等数字化条件。鼓励教师开发并利用数字化教学资源、教学平台，创新教学方法，引导学生利用数字化教学条件网络学习，提升教学效果。

（三）教学资源

主要包括能够满足学生专业学习、教师专业教学研究和教学实施所需的教材、图书文献及数字教学资源等。

1. 教材选用基本要求

按照国家规定选用优质教材，并应建新型立体数字化教材，禁止不合格的教材进入课堂。学校应建立专业教师、行业专家和教研人员等参与的教材选用机构，完善教材选用制度，经过规范程序择优选用教材。

2. 图书文献配备基本要求

图书文献配备能满足数字工匠人才培养、专业建设、教科研等工作的需要。建立完善的数字化教学资源库，包括新能源汽车虚拟仿真教学资源库、汽车制造虚拟仿真教学资源库、汽车装配虚拟仿真教学资源库等。

3. 数字教学资源配置基本要求

建设数字化教学案例库、数字教材等数字领域教育资源，种类丰富、形式多样、使用便捷、动态更新，能满足教学要求。

（四）质量管理

1. 学校和二级院系应建立专业建设和教学质量诊断与改进机制，健全专业教学质量监控管理制度，完善课堂教学、教学评价、实习实训、毕业设计以及专业调研、人才培养方案更新、资源建设等方面质量标准建设，通过定期对专业及学生表现进行审查考核，提交数字职业认证标准的教学审查报告，构建符合数字工匠职业认证标准的动态监测体系。

2. 学校和二级院系应完善教学管理机制，加强日常教学组织运行与管理，定期开展课程建设水平和教学质量诊断与改进，建立健全的数字化评教、评学等制度，建立与企业联动的实践教学环节督导制度，严明教学纪律，强化教学组织功能，定期开展公开课、示范课等教研活动。

3. 学校应建立毕业生数字化跟踪反馈机制及社会评价机制，对生源情况、在校生学业水平、毕业生就业情况等进行分析，定期评价人才培养质量和培养目标达成情况。

4. 专业教研组织应充分利用数字化评价方式有效改进教学，持续提高数字人才培养质量。

建筑消防技术专业（数字工匠）教学标准

一、专业名称（专业代码）

建筑消防技术（440406）。

二、入学要求

普通高中毕业、中等职业学校毕业或具有同等学力者。

三、修业年限

基本修业年限为3年，最长修业年限为5年。

四、职业面向

本专业职业面向如表1所示。

表1 本专业职业面向

所属专业大类（代码）	所属专业类（代码）	对应行业（代码）	主要职业类别（代码）	主要岗位类别或技术领域举例
土木建筑大类（44）	建筑设备类（4404）	建筑安装业（49）	建筑工程技术人员（20218）	数字化消防灭火与救援；数字化建筑消防施工；建筑消防数字化安全管理；建筑消防设施维护管理

五、培养目标

从事建筑消防技术相关职业的人员应理想信念坚定，德、智、体、美、劳全面发展；具有一定的科学文化水平，良好的人文素养、职业道德和创新意识，精益求精的工匠精神，较强的就业能力和可持续发展的能力；掌握消防工程、安全工程、数字化消防灭火与救援、数字化消防安全管理与法规等方面基础知识和基本技能；具有现代工匠精神和数字素养；具有数字化的消防安全管理、火灾隐患评价、控制及安全消防设施操作能力。本专业面向建筑安装行业的建筑安装工程技术人员等职业群，培养能够从事消防员、消防工程施工员、消防设计员、消防检测员、消防设施操作员、安全员、监理员等工作，适应产业数字化转型的高素质应用型、发展型、复合型、创新型的数字化高技能人才。

六、培养规格

本专业毕业生应在素质、知识和能力方面达到以下要求。

（一）素质

1. 政治思想素质：坚定拥护中国共产党领导和我国社会主义制度，在习近平新时代中国特色社会主义思想指引下，践行社会主义核心价值观，具有深厚的爱国情感和中华民族自豪感。

2. 法治观念与道德：崇尚宪法、遵纪守法、崇德向善、诚实守信、尊重生命、热爱劳动，履行道德准则和行为规范，具有社会责任感和社会参与意识。

3. 职业素质与态度：具有质量意识、环保意识、安全意识、信息素养、创新思维，具有求真务实、攻坚克难、精益求精的工匠精神，具有爱岗敬业、勤奋工作、淡泊名利、甘于奉献的老黄牛精神，较强的集体意识和严己宽人、谦虚谨慎、互利共赢的团队合作精神。

4. 数字工匠精神：具有求真务实、攻坚克难、精益求精的工匠精神，崇尚劳动、热爱劳动、辛勤劳动的劳动精神，开拓进取、勇于尝试、敢于挑战的创新精神。

5. 责任意识与奋斗精神：具有高度的责任心、责任感，具有自我管理能力，具有职业生涯规划的意识，勇于奋斗、乐观向上。

6. 身体与心理素质：具有健康的体魄、心理和健全的人格，掌握基本运动知识和一两项运动技能，养成良好的健身与卫生习惯，良好的行为习惯。

7. 人文素质与艺术修养：具有一定的审美和人文素养，有较好的思维能力、语言文字表达能力和应变能力，应用语言文字，清晰地进行信息、思想、感情传递、表达和交流，具有一定的人文精神和人文情怀，能够形成一两项艺术特长或爱好。

8. 善于应用数字技术进行集成创新。

（二）知识

1. 掌握必备的思想政治理论、科学文化基础知识和中华优秀传统文化知识；

2. 熟悉与本专业相关的法律法规以及环境保护、安全消防、文明生产、数字化标准等知识；

3. 掌握消防工程制图规范、Auto CAD 2010 软件操作的基础知识；

4. 掌握安全管理方法、安全目标管理、系统安全管理、安全生产法规、职业安全健康管理体系、安全信息管理、事故统计及分析的知识；

5. 熟悉工程水准测量、角度测量、距离测量与直线定向等施工测量的基本知识；

6. 掌握自动喷水、气体灭火、消防应急广播、消防电话以及送风排烟等常用消防设施联动控制的实现方式与控制原理的知识；

7. 掌握建筑给水排水及消防施工图识读、建筑给水排水及消防工程量的计算、建筑给水排水系统的安装；

8. 掌握灭火救援技术装备、消防通信及灭火应用计算、灭火作战行动及各类火灾扑救、抢险救援行动；

9. 掌握消火栓给水系统、自动喷水灭火系统、气体灭火系统、泡沫灭火系统、防排烟系统设计与施工的知识；

10. 掌握数字化消防灭火与救援、建筑消防施工、消防安全管理、火灾探测和自动报警的知识。

（三）能力

1. 具有探究学习、终身学习、分析问题和解决问题的能力；

2. 具有良好的语言、文字表达能力和沟通能力；

3. 能够熟练应用办公软件，进行文档排版、方案演示、简单的数据分析等；

4. 具有识读建筑工程施工图的能力，具有利用 CAD 软件熟练绘制建筑工程施工图的能力；

5. 具备消防设施监控操作和消防设施检测维修保养的能力；

6. 具有对建筑进行建筑消防技术设计和组织建筑消防技术施工的能力；

7. 具有消防抢险灭火与救援的能力；

8. 具有运用数字化技术进行消防灭火与救援、建筑消防施工、消防安全管理、火灾探测和自动报警的能力。

七、课程设置及学时安排

（一）课程设置

本专业课程主要包括公共基础课程和专业课程。

1. 公共基础课程

（1）必修课程

思想道德与法治、毛泽东思想和中国特色社会主义理论体系概论、习近平新时代中国特色社会主义思想概论、形势与政策、军事理论与军训、实用英语、应用数学、应用文写作、大学生心理健康、大学生体育与健康、创新创业教育、大学生职业发展与就业指导、劳动教育、国家安全教育。

（2）选修课程

党史、中国近代史、大学生安全教育、大学语文、国学、艺术、美育等。

2. 专业课程

（1）专业基础课程

消防识图与 CAD 制图、安全管理学、工程测量、电子电工技术、燃烧学。

（2）专业核心课程

建筑设备、建筑消防技术施工、消防灭火与救援、建筑安防系统、火灾探测和自动报警工程、消防给排水与水灭火系统工程。

（3）专业拓展课程

建筑消防设施、消防工程材料、工程项目管理、建筑工程监理、建筑工程法规、建筑消防工程、工程造价电算化、招投标与合同管理。

3. 专业核心课程主要教学内容与要求

表 2　专业核心课程主要教学内容与要求

序号	专业核心课程	主要教学内容与要求
1	建筑设备	制图标准的有关规定，电气设备安装工程，给排水采暖燃气工程，消防设备安装工程，通风空调工程，建筑智能化系统设备安装，刷油、防腐蚀、绝热工程。 会识读建筑给水排水工程、采暖通风与空调工程、建筑电气工程施工图；熟记安装工程施工验收规范；了解建筑设备安装施工方案的编制方法，熟记建筑给排水、通风空调、建筑电气施工的基本要求；会用所学知识协调建筑设备工程与土建工程之间的相互关系；具有根据施工图的要求选择建筑设备、材料以及常用的附件的能力

续表

序号	专业核心课程	主要教学内容与要求
2	建筑消防技术施工	消火栓给水系统设计与施工；自动喷水灭火系统设计与施工；气体灭火系统设计与施工；泡沫灭火系统设计与施工；防排烟系统设计与施工。 能够根据建筑规范的要求合理选择建筑的消防系统；能够借助教材等资料的制定计划，并实施和检查；能够根据现场情况及劳动组织特点，制定工作计划，编制工艺文件、记录文件、验收文件等；对已完成的任务记录、存档、评价反馈，实施劳动保护和环境保护，能够规范设备安装、调试和验收总结报告等设备运行文档，能够运用数字化技术，BIM智能建造技术进行消防各系统的设计与施工
3	消防灭火与救援	灭火救援基础工作；灭火救援技术装备；消防通信及灭火应用计算；灭火作战行动及各类火灾扑救；抢险救援行动。 能够掌握灭火救援的原理、指导原则和基本方法；能够根据不同性质的火灾正确选择灭火剂；根据各种灭火对象及火灾规律和特点，采取正确的灭火技术装备和具体的抢险救援措施；掌握数字化技术，运用无人机、机器人等技术进行消防火灾的扑援行动，掌握VR模拟消防灭火与救援的方法
4	建筑安防系统	安防系统的基本概念，建筑内安防各子系统设备组成、组成的结构，各子系统基本安装、调试方法，建筑安防系统的设计原则和设计方法。 叙述建筑安防系统的基本概念；熟记各类安防系统的设备和组成机构；会识读建筑安防系统施工图；会用安防设计规范进行简单的消防系统设计；熟记建筑安防系统的设计原则和设计方法；会根据建筑安防系统设备性能进行消防系统调试
5	火灾探测和自动报警工程	剖析不同类型现场探测器件的结构、原理及各类控制器、联动模块的电气原理和联动逻辑；分类阐述自动喷水、气体灭火、消防应急广播、消防电话以及送风排烟等常用消防设施联动控制的实现方式与控制原理；电气火灾监控、消防设备电源及可燃气体探测报警系统的工作原理及组成；介绍光纤温度探测、吸气式感烟探测等特定火灾探测报警系统应用；火灾自动报警系统的竣工验收与维护管理。 掌握不同类型现场探测器件的结构、原理及各类控制器、联动模块的电气原理和联动逻辑关系；了解自动喷水、气体灭火、消防应急广播、消防电话以及送风排烟等常用消防设施联动控制的实现方式与控制原理；了解电气火灾监控、消防设备电源及可燃气体探测报警系统的工作原理及组成；掌握光纤温度探测、吸气式感烟探测等特定火灾探测报警系统应用；学会火灾自动报警系统的竣工验收与维护管理；掌握利用智慧消防数字孪生技术，提升火灾应急响应效率

续表

序号	专业核心课程	主要教学内容与要求
6	消防给排水与水灭火系统工程	建筑给水排水及消防基本知识、建筑给水排水及消防施工图识读、建筑给水排水及消防工程量的计算、建筑给水排水系统的安装、建筑给水排水工程竣工验收及运行管理。熟悉消防给排水系统中常用的管材、阀门、水表、卫生器具及冲洗设备的类型与作用；掌握消防给排水系统的组成、所需水压的计算方法及给水方式的选择；熟悉管道的布置与敷设要求及给水常用设备；掌握给水管道的水力计算方法；掌握室内消火栓给水系统和湿式自动喷水灭火系统的组成与水力的计算方法；了解高层建筑消防给水系统的特点

4. 实践性教学环节

表3　实践性教学环节

序号	项目名称	学时	实训基地	备注
1	工程识图与CAD制图	40	建筑制图实训室/CAD实训室	第一学期
2	工程测量	32	工程测量实训室	第二学期
3	燃烧学	16	CAD实训室	第二学期
4	电工电子技术	16	工程测量实训室	第二学期
5	火灾探测和自动报警工程	16	微型消防站	第三学期
6	消防给排水与水灭火系统工程	32	微型消防站	第三学期
7	建筑设备	32	消防工程实训中心	第三学期
8	建筑电气施工技术	32	消防工程实训中心	第四学期
9	建筑安防系统	40	消防工程实训中心	第四学期
10	建筑防火设计	16	消防工程实训中心	第四学期
11	消防灭火与救援	40	消防工程实训中心	第五学期
12	建筑消防技术施工	24	消防工程实训中心	第五学期
13	跟岗实习		校外实习基地	第五学期
14	专业实习	累计1~2周	校外实习基地	嵌入专业课程中，根据与企业对接情况弹性安排

续表

序号	项目名称	学时	实训基地	备注
15	顶岗实习	6个月	校外实习基地或企事业单位	第六学期

5. 相关要求

（1）构建"思政课程+课程思政"大格局，推进全员全过程全方位"三全育人"，实现思想政治教育与技术技能培养的有机统一。创新思政课程教学模式，让思政教育入耳、入脑、入心；梳理每一门课程蕴含的思想政治教育元素，发挥专业课程承载的思想政治教育功能，将课程思政渗透到专业课程中。

（2）实施全程贯通式就业指导。将"大学生职业发展与就业指导"课分为三个阶段，大一指导学生找回自信、审视大学生活，制定大学学习规划，举行"我的大学生活"演讲比赛；大二指导学生发掘优长，规划职业生涯，制定职业生涯规划，举行"我的人生"演讲比赛；大三指导学生树立正确的就业观念，挖掘自身优长，设计个人简历，举行"应聘技巧和模拟应聘大赛"。

（3）创新创业教育渗透人才培养始终。面向全体学生开设创新创业基础教育，启迪创新思维，萌发创新意识，发现培育"苗子"；挖掘专业课程中的创新创业元素，将创新创业教育渗透到专业课程中；开设"创新创业实践"选修课程、创新创业专题讲座，组织开展创意设计和创新创业大赛；开设"创新创业班"，在企业成功人士引领下开展创新创业实践。

（4）促进"书证融通"，积极参与实施"1+X证书"制度试点，将职业技能等级标准有关内容及要求有机融入专业课程教学，探索行业企业认可度高的有关职业技能证书，按一定规则折算为学历教育相应学分。

（5）发挥第二课堂作用，拓展学生人文素质。引导学生积极参加文化艺术周、体育竞技周、科技文化周、旅游文化周、演讲竞赛、创意设计竞赛、创业能力竞赛等活动。

（6）开设安全教育、社会责任、绿色环保、管理等人文素养、科学素养等方面的专题讲座（活动）；组织开展学生社团活动、德育活动、志愿服务活动和其他实践活动。

（二）学时安排

总学时一般为2800学时，每16~18学时折算1学分。公共基础课总学时一般不少于总学时的 25%，实践性教学学时原则上不少于总学时的 50%，其中，顶岗实习累计时间一般为 6 个月，可根据实际集中或分阶段安排实习时间。各类选修课程学时累计不少于总学时的 10%。

八、教学基本条件

（一）师资队伍

1. 队伍结构

学生数与本专业专任教师数比例不高于 25∶1，双师素质教师占专业教师比一般不低于 60%，专任教师队伍要考虑职称、年龄，形成合理的梯队结构。

2. 专任教师

具有高校教师资格和本专业领域有关证书；有理想信念，有道德情操，有扎实学识，有仁爱之心；具有建筑设备工程技术、供热通风与空调技术、建筑消防等相关专业本科及以上学历；具有扎实的本专业相关理论功底和实践能力；具有较强信息化教学能力，能够开展课程数字化教学改革和科学研究；每 5 年累计不少于 6 个月的企业实践经历。

3. 专业带头人

原则上应具有副高及以上职称，能够较好地把握国内外工程消防技术行业、专业发展趋势，能广泛联系数字行业企业，了解数字行业企业对本专业人才的实际需求，教学设计、专业研究能力强，组织开展教科研工作能力强，在本区域或本领域具有一定的专业影响力。

4. 兼职教师

主要从本专业相关企业聘任，具备良好的思想政治素质、职业道德和工匠精神，具有扎实的专业知识和丰富的实际工作经验，具有中级及以上相关专业职称，能承担课程与实训教学、实习指导等专业教学任务。

5. 团队建设

集体备课、协同教研，规范教案编写，做好课程总体设计和教学组织实施，创新模块化教学模式，积极探索教学方法。

（二）教学设施

1. 专业教室基本条件

一般配备黑（白）板、多媒体计算机、投影设备、音响设备，互联网接入或 WiFi 环境，并具有网络安全防护措施。安装应急照明装置并保持良好状态，符合紧急疏散要求，标志明显，保持逃生通道畅通无阻。

2. 校内实训室基本要求

（1）建筑制图与 CAD 实训室

建筑制图与 CAD 实训室应配备服务器、投影设备、白板，互联网接入或 WiFi 环境，计算机，语音网关，安装 AutoCAD、Office、网页数据采集工具等软件，用于建筑制图与 CAD、计算机基础应用基础等课程的教学与实训。

（2）电路基础实训室

电路基础实训室应该配备服务器、投影设备、白板，双踪数字电子示波器、频率特性测试仪、频谱分析仪、数字逻辑电路实验仪、晶体管特性图示仪、兆欧表、接地电阻测试仪、函数信号发生器、热风焊台、稳压电源、高频信号发生器、数字万用表等，用于电工电子技术、建筑电气控制技术等课程的教学与实训。

（3）工程造价实训室

工程造价实训室应该配备服务器、投影设备、白板，互联网接入或 WiFi 环境，计算机安装广联达算量软件、计价软件、BIM5D、MagiCAD、Revit 等软件，用于 BIM 课程综合实训等课程的教学与实训。

（4）制冷与空调实训室

制冷与空调实训室应该配备橡皮榔头、折边机、咬口机、拉铆枪、钻孔机、金属风管制作操作平台、复合风管、风机、百叶送风口、风速仪、辐射温度计、消火栓、钢管、灭火器、温感探头、烟感器、微型消防控制系统等仪器设备，用于建筑设备、建筑消防系统等课程的教学与实训。

（5）工程消防技术实训室

大屏幕模拟灭火系统、紧急缓降系统、建筑防火材料、建筑消防给排水系统、建筑安防系统、自动喷淋灭火系统和智能心肺复苏训练系统模块化的实训系统。主要用于火灾探测和自动报警工程、消防给排水与水灭火系统工程、建筑安防系统、消防灭火与救援、建筑消防技术施工等课程的教学与实训。

3. 校外实训基地基本要求

具有稳定的校外实训基地。能够提供开展消防灭火与救援装、建筑设备系统运行维护与调试、消防工程造价编制等实训活动，实训设施齐全，实训岗位、实训指导教师确定，实训管理及实施规章制度齐全。

4. 校外实习基地基本要求

具有稳定的校外实习基地。能提供消防灭火与救援、消防给排水与水灭火、消防工程造价编制等相关实习岗位，能够涵盖当前相关产业发展的主流技术，可接纳一定规模的学生实习；能够配备相应数量的指导教师对学生实习进行指导和管理；有保证实习生日常工作、学习、生活的规章制度，有安全、保险保障。

5. 支持信息化教学方面的基本要求

具有利用数字化教学资源库、文献资料、常见问题解答等的信息化条件。引导鼓励教师开发并利用信息化教学资源、教学平台，创新教学方法、提升教学效果。

（三）教学资源

主要包括能够满足学生专业学习、教师专业教学研究和教学实施需要的教材、图书及数字化资源等。

1. 教材选用基本要求

按照国家规定选用优质教材，禁止不合格的教材进入课堂。学校应建立由专业教师、行业专家和教研人员等参与的教材选用机构，完善教材选用制度，经过规范程序择优选用教材。

2. 图书文献配备基本要求

图书文献配备能满足人才培养、专业建设、教科研等工作的需要，方便师生查询、借阅。专业类图书文献主要包括：有关消防、建筑给排水、建筑弱电、建筑安防、建筑电气和建筑消防的设计与施工规范、设计手册、安装工程定额，以及工程消防技术有关原理、法规和实物操作类的专业图书，管理和文化类文献等。

3. 数字教学资源配置基本要求

建设、配备与本专业有关的音视频素材、教学课件、数字化教学案例库、虚拟仿真软件、数字教材等专业教学资源库，种类丰富、形式多样、使用便捷、动态更新、满足教学。

（四）教学方法

1. 适应"1+X 证书"试点

教学组织与培训考核一体化设计与实施；专业课程考试与职业技能等级考

核统筹安排，同步考试（评价）。

2. 采取弹性学制和灵活多元教学模式

适应不同生源、不同学习时间、不同学习方式，创新教学组织和考核评价。针对不同生源的从业经历、技术技能基础和学习需求，创新实习管理方式，开展灵活多样的实践教学。

3. 适应现代学徒制新要求

按照企业生产和学徒工作生活实际，实施弹性学习时间和学分制管理，育训结合、工学交替、在岗培养，积极探索三天在企业、两天在学校的"3+2"培养模式。

4. 普及教学方式

普及项目教学、案例教学、情境教学、模块化教学等教学方式，广泛运用启发式、探究式、讨论式、参与式等教学方法，推广翻转课堂、混合式教学、理实一体教学等新型教学模式，推动课堂教学革命。

（五）学习评价

1. 严格落实培养目标和培养规格要求，加大过程考核、实践技能考核成绩在课程总成绩中的比重。

2. 严格考试纪律，健全多元化考核评价体系，完善学生学习过程监测、评价与反馈机制，引导学生自我管理、主动学习，提高学习效率。

3. 强化实习、实训、毕业设计（论文）等实践性教学环节的全过程管理与考核评价。

4. 学校、合作企业等共同参与学生的考核评价。

（六）质量管理

1. 建立专业建设和教学质量诊断与改进机制，健全专业教学质量监控管理制度，完善课堂教学、教学评价、实习实训、毕业设计以及专业调研、人才培养方案更新、资源建设等方面质量标准建设，通过教学实施、过程监控、质量评价和持续改进，达成人才培养规格。

2. 完善教学管理机制，加强日常教学组织运行与管理，定期开展课程建设水平和教学质量诊断与改进，建立健全巡课、听课、评教、评学等制度，建立与企业联动的实践教学环节督导制度，严明教学纪律，强化教学组织功能，定期开展公开课、示范课等教研活动。

3. 建立毕业生跟踪反馈机制及社会评价机制，并对生源情况、在校生学业水平、毕业生就业情况等进行分析，定期评价人才培养质量和培养目标达成情况。

4. 专业教学团队应充分利用评价分析结果有效改进专业教学，持续提高人才培养质量。

数字媒体技术专业（数字工匠）教学标准

一、专业名称（专业代码）

数字媒体技术（510204）。

二、入学要求

普通高级中学毕业、中等职业学校毕业或具备同等学力者。

三、基本修业年限

三年。

四、职业面向

本专业职业面向如表1所示

表1 本专业职业面向

所属专业大类（代码）	所属专业类（代码）	对应行业（代码）	主要职业类别（代码）	主要岗位群或技术领域举例
电子信息大类（51）	计算机类（5102）	软件和信息技术服务业（65）；广播、电视、电影和影视录音制作业（87）	计算机软件工程技术人员（2-02-10-03）；技术编辑（2-02-02-03）；数字出版编辑（2-10-02-04）；动画制作员（4-13-02-02）	内容编辑；视觉设计师；UI设计师；Web前端开发工程师；数字媒体交互设计师；技术美术；创意设计师

五、培养目标

从事数字媒体技术相关职业的人员应理想信念坚定，德、智、体、美、劳全面发展；具有一定的科学文化水平，良好的人文素养、职业道德和创新意识，精益求精的工匠精神，较强的就业能力和可持续发展的能力；掌握本专业知识和技术技能，具有现代工匠精神和数字素养。本专业面向软件和信息技术服务以及广播、电视、电影、动漫游戏、广告设计和影视录音制作行业的计算机软件技术工程人员、技术编辑、数字出版编辑、数字媒体制作、动漫游戏等职业群（或技术技能领域），培养能够从事内容编辑、视觉设计、创意设计、动漫游戏制作、广告设计、数字媒体应用开发等数字媒体产品设计和制作等工作，适应产业数字化转型的高素质应用型、发展型、复合型、创新型的数字化高技能人才。

六、培养规格

（一）素质

1. 坚定拥护中国共产党领导和我国社会主义制度，在习近平新时代中国特色社会主义思想指引下，践行社会主义核心价值观，具有深厚的爱国情感和中华民族自豪感；

2. 崇尚宪法、遵纪守法、崇德向善、诚实守信、尊重生命、热爱劳动，履行道德准则和行为规范，具有社会责任感和社会参与意识；

3. 具有质量意识、环保意识、安全意识、信息素养、工匠精神、创新思维；

4. 具有求真务实、攻坚克难、精益求精的工匠精神，崇尚劳动、热爱劳动、辛勤劳动的劳动精神，开拓进取、勇于尝试、敢于挑战的创新精神；

5. 勇于奋斗、乐观向上，具有自我管理能力、职业生涯规划的意识，有较强的集体意识和团队合作精神；

6. 具有健康的体魄、心理和健全的人格，掌握基本运动知识和至少 1 项运动技能，养成良好的健身与卫生习惯，良好的行为习惯；

7. 能够初步理解企业战略和适应企业文化，保守商业秘密；

8. 具有一定的审美和人文素养，能够形成至少 1 项艺术特长或爱好；

9. 善于应用数字技术进行集成创新。

（二）知识

1. 掌握必备的思想政治理论、科学文化基础知识和中华优秀传统文化知识；

2. 熟悉与本专业相关的法律法规以及环境保护、安全消防等知识；

3. 掌握数字绘画、数字摄影等数字绘画和艺术基础知识；

4. 掌握视觉设计基础知识；

5. 掌握 3D 建模与动画基础知识；

6. 掌握用户界面设计的知识；

7. 掌握数字视音频非线性编辑、后期合成技术和方法；

8. 掌握动态广告设计基础知识；

9. 了解数字内容制作相关的艺术、技术背景知识。

（三）能力

1. 具有探究学习、终身学习、分析问题和解决问题的能力；

2. 具有良好的语言、文字表达能力和沟通能力；

3. 具有熟练应用数字办公软件，进行文档排版、方案演示、简单的数据分析等；

4. 具备熟练使用 Photoshop、Illustrator、Axure、After Effects、C4D、3DMax、ZBrush、Substance Painter 等相关设计工具的能力；

5. 具有良好的图形图像处理和平面设计能力；

6. 具有一定的 2D/3D 动画设计和制作能力；

7. 具有根据行业规范和项目需求进行 UI 设计、交互设计、用户体验设计、产品原型设计与制作的能力；

8. 具有全景视频拍摄制作以及视频后期处理的能力；

9. 具有综合运用所学专业知识推理和解决问题、管理时间和资源，以及规划职业生涯的能力。

七、课程设置及学时安排

（一）课程设置

本专业课程主要包括公共基础课程和专业课程

1. 公共基础课程

根据党和国家有关文件规定，开设思想道德与法治、毛泽东思想和中国特色社会主义理论体系概论、习近平新时代中国特色社会主义思想概论、实用英语、大学语文、信息技术、国防教育与军训、应用文写作、大学生心理健康、大学生体育与健康、创新专业教育、就业指导、形势与政策、劳动教育等列入必修课或选修课。

学校根据实际情况可开设具有本校特色的校本课程。

2. 专业课程

（1）专业基础课程

专业基础课程 7 门，包括：造型基础、三维模型基础、摄影摄像技术、写生实训、动画造型设计、三维场景设计、PBR 材质。

（2）专业核心课程

专业核心课程 6 门，包括：动画运动规律、三维角色设计、二维动画制作、三维动画制作、ZBrush 数字雕刻、后期剪辑与特效。

（3）专业拓展课程

专业拓展课程包含：构成设计、动画概论、剧本与分镜头、三维道具设计、图形图像处理、CG 插画、MG 动画制作、偶类动画制作、游戏美术基础、数字媒体产业前沿等。

3. 专业核心课程主要教学内容

专业核心课程主要教学内容如表 2 所示。

表 2 专业核心课程主要教学内容

序号	专业核心课程名称	主要教学内容
1	动画运动规律	理解动画运动的基础理论知识，人的基本运动及表现手法，兽类的基本运动及表现手法，鸟类的基本运动及表现手法，鱼虫的基本运动及表现手法，自然现象的基本运动及表现手法
2	三维角色设计	掌握常用三维动画制作软件 3D Max 角色设计制作方法和操作技巧，包括三维角色头部制作、三维角色躯体制作、三维角色服饰制作、三维角色人物道具制作、三维动物设计制作
3	二维动画制作	常用 Animate 软件动画制作方法和技巧，包括二维动画基本原理、工作界面、基本设置，以及补间动画、逐帧动画、场景设计、角色设计与制作、音视频导入与导出、二维动画设计与制作等基础知识与制作技巧
4	三维动画制作	变现修改命令、动画修改命令、控制器修改命令、位移动画、变现动画、控制器动画、角色动画、表情动画、渲染、灯光类型（标准灯、光度学灯、Vray 灯）、材质类型（标准材质、Vray 材质）、动画输出及特效、输出渲染设置、粒子技术、动力学技术
5	ZBrush 数字雕刻	常用 ZBrush 软件的制作方法和技巧，包含：界面及基本操作、SubTool（次级工具）组件的添加与制作、模型组件制作方法、装备设计与制作、人物场景设计与制作、Project（细节投射）、法线贴图与颜色贴图制作、灯光布置与渲染

续表

序号	专业核心课程名称	主要教学内容
6	后期剪辑与特效	常用软件 After Effects、Premiere 的制作方法和技巧，包含：数字音视频的基础知识、剪辑原理、非线性编辑的工作原理与工作流程；Premiere 等非线性编辑软件的基本操作：镜头剪接、专场、银华合成搭配及片头片尾设计等技巧；After Effects 软件的基本操作和使用技巧：文字图形动画制作、三维合成、音效合成、抠像合成、运动跟踪和视频校色等使用技术

4. 实践性教学环节

实践性教学环节主要包括实验、实训、实习、毕业设计、社会实践等。实验实训可在校内实验实训室、校外实训基地等开展完成。社会实践、顶岗实习由学校组织可在数字文化创意内容制作和软件开发企业开展完成。实训实习主要包括企业认知实习、数字媒体音乐开发实践、职业证书技能实践（考证）、数字媒体音乐技术创新创业实践等校内外实训，以及技术美工、内容编辑、创意设计、双子媒体产品开发等岗位跟岗实习、毕业设计（论文）与顶岗实习。应严格知行《职业学校学生实习管理规定》和《高等职业学校数字媒体应用技术专业顶岗实习标准》。

5. 相关要求

学校应统筹安排各类课程设置，注重理论与实践一体化教学；应结合实际，开设安全教育、社会责任、绿色环保、管理等方面的选修课程、拓展课程或专题讲座（活动），并将有关内容进行专业课程教学；将创新创业教育融入专业课程教学和相关实践性教学；自主开设其他特色课程；组织开展德育活动、志愿服务活动和其他实践活动。

（二）学时安排

本专业合计2592课时，其中公共基础课程776课时，占总课时的29.94%；实践学时占总学时60.03%，其中顶岗实习为期6个月；专业选修课占总学时10.50%，其中公共选修占总学时3.09%，专业拓展占总学时4.94%，人文素质拓展占总学时2.47%。

八、教学基本条件

（一）师资队伍

1. 队伍结构

学生数与本专业专任教师数比例不高于 25：1，双师素质教师占专业教师比一般不低于 60%，专任教师队伍要考虑职称、年龄，形成合理的梯队结构。

2. 专任教师

具有高校教师资格和本专业领域有关证书；有理想信念，有道德情操，有扎实学识，有仁爱之心；具有数字媒体技术、数字媒体艺术、动漫设计、视觉传达设计等相关专业本科及以上学历；具有扎实的本专业相关理论功底和实践能力；具有较强信息化教学能力，能够开展课程数字化教学改革和科学研究；每 5 年累计不少于 6 个月的企业实践经历。

3. 专业带头人

原则上应具有副高及以上职称，能够较好地把握国内外数字媒体应用技术行业、动漫游戏行业的专业发展趋势，能广泛联系数字行业企业，了解数字行业企业对本专业人才的实际需求，教学设计、专业研究能力强，组织开展教科研工作能力强，在本区域或本领域具有一定的专业影响力。

4. 兼职教师

主要从数字媒体应用技术、动漫游戏相关企业聘任，具备良好的思想政治素质、职业道德和工匠精神，具有扎实的专业知识和丰富的实际工作经验，具有中高级技师及以上相关专业职称，能承担课程与实训教学、实习指导等专业教学任务。

（二）教学设施

1. 专业教室基本条件

一般配备黑（白）板、多媒体计算机、投影设备、音响设备，互联网接入或 WiFi 环境，并具有网络安全防护措施。安装应急照明装置并保持良好状态，符合紧急疏散要求，标志明显，保持逃生通道畅通无阻。

2. 校内实训室基本要求

（1）画室

配备投影设备、白板、计算机、实物投影仪、静物台、画架、画板、画凳、置物柜、石膏几何物体、静物、衬布等。用于造型基础课程的教学与实训。

（2）摄影棚

配备投影设备、白板、计算机、数码相机、相机三脚架、引闪器、反光板、柔光灯、摄影灯架、静物台、拍摄幕布、背景板等摄影器材，满足大型商品、小型商品以及人物的拍摄需要；拍摄区要求全遮光环境；配备商品展示柜、相关搭配道具等；用于摄影摄像技术课程的教学与实训。

（3）动漫制作实训室

配备线拍仪、投影设备、白板、打孔机、定位尺、拷贝桌、计算机、板凳，用于动画运动规律、动画造型设计课程的教学与实训。

（4）动画设计实训室

配备投影设备、白板、计算机、板凳；计算机安装 Photoshop、Flash、3ds Max、ZBrush、Substance Painter 等软件；网络接入或 WiFi 环境。用于 CG 插画设计、二维动画制作、三维动画制作、ZBfrush 数字雕刻、后期剪辑与特效等课程的教学与实训。

（5）非线性编辑实训室

配备投影设备、白板、计算机、板凳；计算机安装 Photoshop、After Effects、Premiere Pro、Substance Painter 等软件；网络接入或 WiFi 环境。用于后期剪辑特效、MG 动画制作、PBR 材质制作等课程的教学与实训。

（6）VR 实训室

配备 VR 工作站、VR 眼镜、VR 头盔、VR 手套，用于虚拟现实技术课程的教学与实训。

3. 校外实训基地基本要求

具有稳定的校外实训基地；能够提供开展写生实训、数字绘画、动画角色设计、游戏美工、二维动画制作、三维动画制作等实训活动，实训设施齐备，实训岗位、实训指导教师确定，实训管理及实施规章制度齐全。

4. 学生实习基地基本要求

具有稳定的校外实习基地。能提供数字绘画、角色设定、游戏美工、TBS 无纸动画、游戏建模等相关实习岗位，能涵盖当前数字媒体、动漫游戏设计行业发展的主流技术，可接纳一定规模的学生实习；能够配备相应数量的指导教师对学生实习进行指导和管理；有保证实习生日常工作、学习、生活的规章制度，有安全、保险保障。

5. 支持信息化教学方面的基本要求

具有利用数字化教学资源库、文献资料、常见问题解答等的信息化条件。引导鼓励教师开发并利用信息化教学资源、教学平台，创新教学方法、提升教学效果。

（三）教学资源

主要包括能够满足学生专业学习、教师专业教学研究和教学实施需要的教材、图书及数字化资源等。

1. 教材选用基本要求

按照国家规定选用优质教材，禁止不合格的教材进入课堂。学校应建立由专业教师、行业专家和教研人员等参与的教材选用机构，完善教材选用制度，经过规范程序择优选用教材。

2. 图书文献配备基本要求

图书文献配备能满足人才培养、专业建设、教科研等工作的需要，方便师生查询、借阅。专业类图书文献主要包括：有关数字媒体技术、动漫制作技术、游戏制作技术、艺术设计以及计算机软件操作类图书和文化类文献等。

3. 数字教学资源配置基本要求

建设、配备与本专业有关的音视频素材、教学课件、数字化教学案例库、虚拟仿真软件、数字教材等专业教学资源库，种类丰富、形式多样、使用便捷、动态更新，满足教学。

（四）质量管理

1. 学校和二级院系应建立专业建设和教学质量诊断与改进机制，健全专业教学质量监控管理制度，完善课堂教学、教学评价、实习实训、毕业设计以及专业调研、人才培养方案更新、资源建设等方面质量标准建设，通过定期对专业及学生表现进行审查考核，提交数字职业认证标准的教学审查报告，构建符合数字工匠职业认证标准的动态监测体系。

2. 学校和二级院系应完善教学管理机制，加强日常教学组织运行与管理，定期开展课程建设水平和教学质量诊断与改进，建立健全的数字化评教、评学等制度，建立与企业联动的实践教学环节督导制度，严明教学纪律，强化教学组织功能，定期开展公开课、示范课等教研活动。

3. 学校应建立毕业生数字化跟踪反馈机制及社会评价机制，对生源情况、在校生学业水平、毕业生就业情况等进行分析，定期评价人才培养质量和培养目标达成情况。

4. 专业教研组织应充分利用数字化评价方式有效改进教学，持续提高数字人才培养质量。

会计信息管理专业（数字工匠）教学标准

一、专业名称（专业代码）

会计信息管理（530304）。

二、入学要求

普通高级中学毕业、中等职业学校毕业或具备同等学力者。

三、基本修业年限

三年。

四、职业面向

本专业职业面向如表1所示

表1 本专业职业面向

所属专业大类（代码）	所属专业类（代码）	对应行业（代码）	主要职业类别（代码）	主要岗位群或技术领域举例
财经商贸大类（53）	财务会计类（5303）	会计、审计及税务服务（7431）	会计专业人员（2-06-03-00）	会计助理、财务助理、理财顾问、文员、行政专员、档案管理员

五、培养目标

从事会计信息管理相关职业的人员应理想信念坚定，德、智、体、美、劳全面发展；具有一定的科学文化水平，良好的人文素养、职业道德和创新意识，精益求精的工匠精神，较强的就业能力和可持续发展的能力；掌握本专业知识和技术技能；具有现代工匠精神和数字素养。本专业面向各类中小微型企业和非营利组织的会计专业人员职业群，培养能够从事会计核算，会计监督，财务数据收集、处理，大数据财务分析等工作，适应产业数字化转型的高素质、复合型、数字化技术技能人才。

六、培养规格

本专业毕业生应在素质、知识和能力等方面达到以下要求：

（一）素质

1. 坚定拥护中国共产党领导和我国社会主义制度，在习近平新时代中国特色社会主义思想指引下，践行社会主义核心价值观，具有深厚的爱国情感和中华民族自豪感；

2. 崇尚宪法、遵纪守法、崇德向善、诚实守信、尊重生命、热爱劳动，履行道德准则和行为规范，具有社会责任感和社会参与意识；

3. 具有质量意识、环保意识、安全意识、信息素养、工匠精神、创新思维；

4. 具有求真务实、攻坚克难、精益求精的工匠精神，崇尚劳动、热爱劳动、辛勤劳动的劳动精神，开拓进取、勇于尝试、敢于挑战的创新精神；

5. 勇于奋斗、乐观向上，具有自我管理能力、职业生涯规划的意识，有较强的集体意识和团队合作精神；

6. 具有健康的体魄、心理和健全的人格，掌握基本运动知识和一两项运动技能，养成良好的健身与卫生习惯，以及良好的行为习惯；

7. 具有一定的审美和人文素养，能够形成一两项艺术特长或爱好；

8. 具有与时俱进、争创一流、积极探索、勇于开拓的求新精神，具有一定的数字经济信息系统思维和互联网思维以及职业创新意识；

9. 善于应用数字技术进行集成创新。

（二）知识

1. 掌握必备的思想政治理论、科学文化基础知识和中华优秀传统文化知识；

2. 熟悉与本专业相关的法律法规以及环境保护、安全消防、文明生产等知识；

3. 掌握经济、财政、税务、金融、企业管理、市场营销等基础知识；

4. 掌握企业财务会计、企业成本核算与管理、企业财务管理、企业财务分析、管理会计、企业内部控制的理论知识；

5. 掌握企业会计制度设计的相关知识；

6. 掌握社会审计、内部审计的相关知识；

7. 掌握数据收集、处理与大数据财务分析相关知识。

（三）能力

1. 具有探究学习、终身学习、分析问题和解决问题的能力；

2. 具有良好的语言、文字表达能力和沟通能力；

3. 具有熟练应用数字办公软件，进行文档排版、方案演示、简单的数据分析、本专业必需的信息技术应用能力；

4. 具有本专业相关的信息技术与工具应用能力；

5. 具有利用财务软件熟练地对中小微企业进行业务处理的能力；

6. 具有出纳岗位工作能力，能够选择合理的结算方式，完成资金收付结算；

7. 具有会计核算能力，能够准确进行会计要素的确认、计量和报告，熟练进行会计凭证审核与编制、账簿登记以及报表编制；

8. 具有成本核算与管理能力，能够合理选择产品成本计算的方法，正确计算产品成本，科学进行成本分析与管理；

9. 具有涉税事务处理能力，能够正确计算各种税费，并进行规范申报，能够进行基本的纳税筹划和纳税风险控制；

10. 具有一定的管理会计能力，能够进行财务、业务信息的处理、分类、分析、输出，提供企业决策所需的信息；

11. 具有企业内部管理与控制的基本能力，能进行中小微企业和非营利组织会计核算制度的设计，并能合理应用内部控制的基本原理和方法进行内部会计控制；

12. 具有一定的审计工作能力，能够收集整理审计证据和有关审计信息，编制审计工作底稿，协助审计人员编制审计报告；

13. 具有一定的财务管理和财务大数据分析能力，能够运用财务管理的基本原理和方法进行中小微企业筹资、投资及营运方案的分析，能够运用预算编制的基本方法编制企业收入、成本费用以及项目预算；

14. 具有撰写财务会计报告、财务与成本分析报告的能力。

七、课程设置及学时安排

（一）课程设置

本专业课程主要包括公共基础课程和专业课程。

1. 公共基础课程

根据党和国家有关文件规定，将思想政治理论、中华优秀传统文化、大学生体育与健康、军事理论与军训、大学生职业发展与就业指导、心理健康教育等列入公共基础必修课；并将党史、中国近代史、劳动教育、创新创业教育、大学语文、信息技术、经济数学、公共外语、大学生教育与健康、美育、职业素养等列入必修课或选修课。

学校根据实际情况可开设具有本校特色的校本课程。

2. 专业课程

专业课程一般包括专业基础课程、专业核心课程、专业拓展课程，并涵盖实践性教学环节。学校可自主确定课程名称，但应包括以下主要教学内容。

（1）专业基础课程

专业基础课程一般设置6~8门，包括：基础会计、经济法基础、管理会计基础、财政金融基础、Python程序设计与数据分析基础、审计学基础等。

（2）专业核心课程

专业核心课程一般设置6~8门，包括：财务会计实务、成本会计实务、税务会计实务、业财一体信息化应用、财务管理、财务大数据分析、RPA财务机器人等。学校可根据实际情况，适当调整1~2门课程。

（3）专业拓展课程。

专业拓展课程一般包括三类：一是拓展学生应用能力的课程，如数据收集与整理、Excel财务应用、PowerBI数据分析与数据可视化、财经应用文写作、会计英语、VBSE跨专业综合实训、商业会计、会计制度设计等；二是促进人才深层次发展的课程，如证券投资实务、审计基础与实务、管理会计实务、行业会计比较、企业管理、市场营销等；三是体现学校特色的课程。

3. 专业核心课程主要教学内容

专业核心课程主要教学内容如表2所示。

表2　专业核心课程主要教学内容

序号	专业核心课程	主要教学内容与要求
1	财务会计实务	财务会计概念框架；存货、金融资产、长期股权投资、固定资产、无形资产、投资性房地产、资产减值等资产的核算；流动负债和非流动负债的核算；所有者权益的核算；收入的核算；费用的核算；利润的核算；财务会计报告的编制
2	成本会计实务	成本核算程序、费用归集和分配、品种法、作业成本法、目标成本法、标准成本法、变动成本法、成本报表的编制和成本分析与管理

续表

序号	专业核心课程	主要教学内容与要求
3	税务会计实务	税收管理、增值税计算与申报、消费税计算与申报、关税计算与申报、企业所得税计算与申报、个人所得税计算与申报以及其他税种的计算与申报、纳税筹划与风险管控
4	业财一体信息化应用	业务流程设置、参数配置、权限配置；业务期初数据维护、稽核；总账业务处理；应收应付业务处理；固定资产业务处理；网上银行业务处理；网上报销业务处理；薪资福利业务处理；合同业务处理；采购业务处理；销售业务处理；库存及存货业务处理；售后服务业务处理；增值税业务管理；个人所得税业务处理；其他税务处理；期末业务处理；期末财务处理；财务报表编制与分析
5	财务管理	货币时间价值、筹资管理、投资管理、营运资金管理、收益分配管理、全面预算管理等
6	财务大数据分析	财务大数据分析的概念、特征；财务大数据项目分析的一般流程；财务数据收集与预处理方法；财务大数据分析可视化基本原理、算法的基本原理；根据企业管理精细度设置数据分析维度；根据企业分析目标对数据进行筛选、整理、分类等；根据企业经营要求设置指标体系与数据建模；运用 Power BI、Python 等进行数据分析与数据可视化并发现问题、挖掘存在问题的原因并寻求解决的办法；结合人工智能、虚拟现实等技术进行财务分析

4. 实践性教学环节

实践性教学环节主要包括实验、实训、实习、毕业设计、社会实践等。实训可在校内实训、校外实训基地等开展完成。实践性教学主要包括：RPA 财务机器人应用、Power BI 数据分析与数据可视化、Python 基础办公软件应用等会计基本技能实训以及会计信息化应用岗位技能训练，ERP 沙盘模拟训练，智能财税技能、财务大数据分析处理技能、业财税融合大数据应用技能训练等。应严格执行《职业学校学生实习管理规定》和《高等职业学校会计专业顶岗实习标准》。

5. 相关要求

学校应统筹安排各类课程设置，注重理论与实践一体化教学；应结合实际，开设安全教育、社会责任、绿色环保、管理等方面的选修课程、拓展课程或专题讲座（活动），并将有关内容融入专业课程教学；将创新创业教育融入专业课程教学和相关实践性教学；自主开设其他特色课程；组织开展德育活动、志愿服务活动和其他实践活动。

（二）学时安排

总学时一般为 2500 学时，每 16~18 学时折算 1 学分。公共基础课学时一般不少于总学时的 25%。实践性教学学时原则上不少于总学时的 50%，其中，顶岗实习累计时间一般为 6 个月，可根据实际集中或分阶段安排实习时间。各类选修课程学时累计不少于总学时的 10%。

八、教学基本条件

（一）师资队伍

1. 队伍结构

学生数与本专业专任教师数比例不高于 25∶1，双师素质教师占专业教师比例一般不低于 60%，专任教师队伍要考虑职称、年龄，形成合理的梯队结构。

2. 专任教师

专任教师应具有高校教师资格；有理想信念，有道德情操，有扎实学识，有仁爱之心；具有会计相关专业本科及以上学历；具有扎实的本专业相关理论功底和实践能力；具有较强信息化教学能力，能够开展课程数字化教学改革和科学研究；有每 5 年累计不少于 6 个月的企业实践经历。

3. 专业带头人

专业带头人原则上应具有副高及以上职称，能够较好地把握国内外行业、专业发展，能广泛联系数字行业企业，了解数字行业企业对本专业人才的实际需求，教学设计、专业研究能力强，组织开展教科研工作能力强，在本区域或本领域具有一定的专业影响力。

4. 兼职教师

兼职教师主要从本专业相关的行业企业聘任，具备良好的思想政治素质、职业道德和工匠精神，具有扎实的专业知识和丰富的实际工作经验，具有中级及以上相关专业职称，能承担专业课程教学、实习实训指导和学生职业发展规划指导等教学任务。

（二）教学设施

教学设施主要包括能够满足正常的课程教学、实习实训所需的专业教室、校内实训室和校外实训基地等。

1. 专业教室基本条件

专业教室一般配备黑（白）板、多媒体计算机、投影设备、音响设备；互联网接入或 WiFi 环境，并具有网络安全防护措施。安装应急照明装置并保持良好状态，符合紧急疏散要求，标志明显，保持逃生通道畅通无阻。

2. 校内实训室基本要求

（1）会计基本技能实训室

配备实训工作台、计算机（安装教学管理系统）、投影设备和音响设备、RPA 财务机器人、凭证装订机、文件柜以及相关实训用资料和工具；互联网接入或 WiFi 环境。支持分班进行业财税处理、凭证整理与装订、Power BI 数据分析与数据可视化、办公软件应用等会计基本技能实训。

（2）会计岗位实训室

营造仿真企业财务室工作环境，配备隔断式工位台、计算机（安装教学管理系统以及相关实训系统）、凭证装订机、打印机、投影设备和音响设备；文件柜以及相关实训用资料和工具；互联网接入或 WiFi 环境。支持业财税岗位实训和信息化处理与应用实训。

（3）ERP 沙盘实训室（VBSE 跨专业综合实训室）

配置实训工作台、计算机（安装教学管理系统以及相关 ERP 实训软件）、投影设备和音响设备；文件柜以及相关实训用资料和工具；互联网接入或 WiFi 环境。支持模拟企业经营实训。

（4）财会综合实训室

配置实训工作台、计算机（安装教学管理系统以及会计综合实训软件）、投影设备和音响设备；文件柜以及相关实训用资料和工具；互联网接入或 WiFi 环境。支持财务会计基础、管理会计基础、Python 程序设计与数据分析基础、财务会计实务、纳税会计实务、成本会计实务、业财一体信息化应用、财务管理、财务大数据分析、Power BI 数据分析与数据可视化、企业内部控制、会计制度设计等专业课程实训。

3. 校外实训基地基本要求

具有稳定的校外实训基地。能够开展会计专业相关实训活动，实训设施齐备，实训岗位、实训指导教师确定，实训管理及实施规章制度齐全。

4. 学生实习基地基本要求

具有稳定的校外实习基地。能提供会计核算、会计监督等相关实习岗位；能涵盖当前相关产业发展的主流技术，可接纳一定规模的学生实习；能够配备相应数量的指导教师对学生实习进行指导和管理；有保证实习生日常工作、学习、生活的规章制度，有安全、保险保障。

5. 支持信息化教学方面的基本要求

具有可利用的数字化教学资源库、文献资料、常见问题解答等信息化条件。鼓励教师开发并利用信息化教学资源、教学平台，创新教学方法，引导学生利用信息化教学条件自主学习，提升教学效果。

（三）教学资源

教学资源主要包括能够满足学生专业学习、教师专业教学研究和教学实施所需的教材、图书文献及数字教学资源等。

1. 教材选用基本要求

按照国家规定选用优质教材，禁止不合格的教材进入课堂。学校应建立由专业教师、行业专家和教研人员等参与的教材选用机构，完善教材选用制度，经过规范程序择优选用教材。

2. 图书文献配备基本要求

图书文献配备能满足人才培养、专业建设、教科研等工作的需要，方便师生查询、借阅。专业类图书文献主要包括：有关财会专业理论、技术、方法、思维以及实务操作类图书等。

3. 数字教学资源配置基本要求

建设、配备与本专业有关的音视频素材、教学课件、数字化教学案例库、虚拟仿真软件、数字教材等专业教学资源库，种类丰富、形式多样、使用便捷、动态更新，能满足教学要求。

（四）质量管理

1. 学校和二级院系应建立专业建设和教学质量诊断与改进机制，健全专业教学质量监控管理制度，完善课堂教学、教学评价、实习实训、毕业设计以及专业调研、人才培养方案更新、资源建设等方面质量标准建设，通过定期对专业及学生表现进行审查考核，提交数字职业认证标准的教学审查报告，构建符合数字工匠职业认证标准的动态监测体系。

2. 学校和二级院系应完善教学管理机制，加强日常教学组织运行与管理，定期开展课程建设水平和教学质量诊断与改进，建立健全的数字化评教、评学等制度，建立与企业联动的实践教学环节督导制度，严明教学纪律，强化教学组织功能，定期开展公开课、示范课等教研活动。

3. 学校应建立毕业生数字化跟踪反馈机制及社会评价机制，对生源情况、在校生学业水平、毕业生就业情况等进行分析，定期评价人才培养质量和培养目标达成情况。

4. 专业教研组织应充分利用数字化评价方式有效改进教学，持续提高数字人才培养质量。

国防教育（数字工匠）教学标准

一、入学要求

普通高级中学毕业、中等职业学校毕业或具备同等学力者。

二、基本修业年限

三年。

三、培养目标

本专业坚持"立德树人"的原则，培养理想信念坚定，德、智、体、美、劳全面发展，爱国爱党，立志献身国防事业，具有一定的科学文化水平，良好的人文素养、职业道德和创新意识，精益求精的工匠精神，较强的就业能力和可持续发展的能力，掌握扎实的科学文化基础和国防知识，具备一定的军事素养，具有现代工匠精神和数字素养，适应军工企业数字化转型的高素质应用型、发展型、复合型、创新型的数字化高技能人才。

四、培养规格

本专业毕业生应在素质、知识和能力等方面达到以下要求。

（一）素质

1. 坚定拥护中国共产党领导和我国社会主义制度，在习近平新时代中国特色社会主义思想指引下，践行社会主义核心价值观，具有深厚的爱国情感和中华民族自豪感；

2. 崇尚宪法、遵纪守法、崇德向善、诚实守信、尊重生命、热爱劳动，履行道德准则和行为规范，具有社会责任感和社会参与意识；

3. 具有质量意识、环保意识、安全意识、数字素养、工匠精神、创新思维；具有求真务实、攻坚克难、精益求精的工匠精神，具有爱岗敬业、勤奋工作、淡泊名利、甘于奉献的老黄牛精神，较强的集体意识和严己宽人、谦虚谨慎、互利共赢的团队合作精神；

4. 具有求真务实、攻坚克难、精益求精的工匠精神，崇尚劳动、热爱劳动、辛勤劳动的劳动精神，开拓进取、勇于尝试、敢于挑战的创新精神；

5. 具有高度的责任心、责任感，具有自我管理能力，具有职业生涯规划的意识，勇于奋斗、乐观向上；

6. 具有健康的体魄、心理和健全的人格，掌握基本运动知识和一两项运动技能，养成良好的健身与卫生习惯，以及良好的行为习惯；

7. 具有一定的审美和人文素养，能够形成一两项艺术特长或爱好；

8. 善于应用数字技术进行集成创新；

9. 具有奋发进取、坚强果敢、不怕牺牲、乐于奉献的精神。

（二）知识

1. 掌握必备的思想政治理论、科学文化基础知识和中华优秀传统文化知识；

2. 熟悉与本专业相关的法律法规以及环境保护、安全消防等知识；

3. 掌握现代军事理论知识、国家安全知识；

4. 掌握现代科学文化知识；

5. 熟练掌握本专业技术文化知识。

（三）能力

1. 具有探究学习、终身学习和持续发展的能力；

2. 具有良好的语言、文字表达能力和沟通能力；

3. 能够熟练应用数字办公软件，进行文档排版、方案演示、简单的数据分析等；

4. 具有基本的军事素养和军事技能。

五、课程设置及学时安排

（一）课程设置

本专业课程主要包括公共基础课程和专业课程。

1. 公共基础课程

根据党和国家有关文件规定，将思想道德与法治、毛泽东思想和中国特色社会主义理论体系概论、习近平新时代中国特色社会主义思想概论、形势与政策、军事理论与军训、国家安全教育、大学生职业发展与就业指导、大学生心理健康、大学生体育与健康等列入公共基础必修课；并将党史、中国近代史、劳动教育、创新创业教育、大学语文、信息技术、应用文写作、高等数学、公共外语、健康教育、美育课程、职业素养等列入必修课或选修课。

学校根据实际情况可开设具有本校特色的校本课程。

2. 特色课程

专业课程一般包括专业基础课程、专业核心课程、专业拓展课程，并涵盖实践性教学环节。学校可自主确定课程名称，但应包括以下主要教学内容。

（1）军事理论课

以军事理论教学为重点，通过军事教学，使学生掌握基本军事理论与军事技能，增强国防观念和国家安全意识，强化爱国主义、集体主义观念，加强组织纪律性，促进大学生综合素质的提高，为中国人民解放军训练储备合格后备兵员，为培养预备役军官打下坚实基础。

（2）国防教育课

主要包括国防理论、国防精神、国防历史、国防法制、国防体制、国防动员、国防经济、国防外交、国防体育、国防常识等。

（3）军事训练课

对参训学生实行军事化训练管理，坚持严密组织、严格训练、严格要求、严格管理，同时要健全各项规章制度，按照部队建制组建训练单位，并配备足够的承训官兵和校内干部。使学生通过军事训练经受锻炼，进而增强国防观念，激发爱国热情，树立为国防建设事业献身的思想。

3. 专业核心课程主要教学内容

专业核心课程主要教学内容如表1所示。

表1 专业核心课程主要教学内容

序号	国防特色课程名称	主要教学内容
1	军事理论课	国防概述、国防法规、国防建设、武装力量、国防动员、国家安全概述、国家安全形势、国际战略形势、军事思想概述、毛泽东军事思想、邓小平新时期军队建设思想、江泽民论国防和军队建设思想、胡锦涛关于国防和军队建设重要论述、习近平关于国防和军队建设重要论述
2	国防教育课	国防概述、国防法规、国防建设、国防动员、战略环境概述、国际战略格局、我国周边安全环境、军事高技术概述、高技术在军事上的应用、高技术与新军事变革、信息化战争概述、信息化战争的特征与发展趋势、信息化战争与国防建设

续表

序号	国防特色课程名称	主要教学内容
3	军事训练课	内务条令、纪律条令、队列条令、单个军人的队列动作、分队的队列动作、阅兵式、分列式训练、轻武器常识及简易射击学理、射击动作和方法、实弹射击、单兵战术动作、班组战术、行军、野营、解放军优良传统教育、学习与成才教育、国家安全形势教育、政治理论学习

4. 实践性教学环节

实践性教学环节主要包括实验、实训、实习、毕业设计、社会实践等。实验实训可在校内实验实训室、校外实训基地等开展完成；社会实践、跟岗实习、顶岗实习可由学校组织在企业开展完成。

5. 相关要求

（1）构建"思政课程+课程思政"大格局，推进全员全过程全方位"三全育人"，实现思想政治教育与技术技能培养的有机统一。创新思政课程教学模式，让思政教育入耳、入脑、入心；梳理每一门课程蕴含的思想政治教育元素，发挥专业课程承载的思想政治教育功能，将课程思政渗透到专业课程中。

（2）统筹安排各类课程设置，与国家数字职业标准规范深度对接，参照数字工匠职业认证标准设置相应指标，将数字工匠职业认证标准内容及要求有机融入教学。

（3）数字化创新创业教育渗透人才培养始终。除面向全体学生开设数字化课程、建立创客空间、开展数字化探究实验等外，还通过实施产学研一体化、建立创业孵化园、开展企业实践等方式，培养学生的数字化技能和创新创业能力。同时，可以通过举办各种形式的创新创业竞赛、创新创业讲座、邀请成功创业者分享经验等方式，激发学生的创新创业热情和兴趣。

（4）树立新时代正确的数字伦理和责任意识。引导学生规范数据使用，保障数据安全，实现自我突破和不断创新。

（5）开设安全教育、社会责任、绿色环保、管理等人文素养、科学素养等方面的专题讲座（活动），并将有关内容融入专业课程教学；组织开展学生社团活动、德育活动、志愿服务活动和其他实践活动。

（二）学时安排

总学时一般为 2800 学时，每 16~18 学时折算 1 学分。公共基础课学时一般不少于总学时的 25%。实践性教学学时原则上不少于总学时的 50%，其中，顶岗实习累计时间一般为 6 个月，可根据实际集中或分阶段安排实习时间。各类选修课程学时累计不少于总学时的 10%。

六、教学基本条件

（一）师资队伍

1. 队伍结构

学生数与本专业专任教师数比例不高于 25∶1，双师素质教师占专业教师比一般不低于 60%，专任教师队伍要考虑职称、年龄，形成合理的梯队结构。

2. 专任教师

专任教师应具有高校教师资格；有理想信念，有道德情操，有扎实学识，有仁爱之心；具有专业相关理论功底和数字技术技能，具备跨学科知识能力；具有较强的数字化教学能力，能够开展课程数字化教学改革和科学研究；有每 5 年累计不少于 6 个月的企业实践经历。

3. 专业带头人

专业带头人原则上应具有副高及以上职称，具备数字化和工业 4.0 的知识和技能，能够较好地把握国内相关行业等专业发展，能广泛联系数字行业企业，了解数字行业企业对本专业人才的实际需求，教学设计、专业研究能力强，组织开展教科研工作能力强，在本区域或本领域内具有一定的专业影响力。

4. 兼职教师

兼职教师主要从本专业相关的行业企业聘任，具备良好的思想政治素质、职业道德和工匠精神，具有扎实的专业知识和丰富的实际工作经验，具有中级及以上相关专业职称，能承担专业课程教学、实习实训指导和学生职业发展规划指导等教学任务。

5. 军事教官

拥护中国共产党的领导，热爱教育工作，具有过硬的军事素质；具有大专以上学历的退役军人；身体健康，体貌端正，机警敏捷，无残疾，符合军事教官工作要求的身体条件。

（二）教学设施

教学设施主要包括能够满足正常的课程教学、实习实训所需的专业教室、校内实训室和校外实训基地等。

1. 专业教室基本条件

专业教室一般配备黑（白）板、多媒体计算机、投影设备、音响设备；互联网接入或 WiFi 环境，并实施网络安全防护措施。安装应急照明装置并保持良好状态，符合紧急疏散要求，标志明显，保持逃生通道畅通无阻。

2. 校内实训室基本要求

（1）专业技能实训室

各专业配置满足专业教学需求的专业教学设备，保证上课学生需求。

（2）军事训练场

设置战术训练场、专业训练场和综合训练场，包括单杠、双杠训练场，跨桩、壕沟、矮墙、高板跳台、云梯、独木桥、高墙、低桩网等障碍训练设施。

3. 校外实训基地基本要求

具有稳定的校外实训基地；能够开展军事训练、军事拉练等实训活动，实训设施齐备，实训岗位、实训指导教师确定，实训管理及实施规章制度齐全。

（三）教学资源

主要包括能够满足学生专业学习、教师专业教学研究和教学实施所需的教材、图书文献及数字教学资源等。

1. 教材选用基本要求

按照国家规定选用优质教材，并应建新型立体数字化教材，禁止不合格的教材进入课堂。学校应建立专业教师、行业专家和教研人员等参与的教材选用机构，完善教材选用制度，经过规范程序择优选用教材。

2. 图书文献配备基本要求

图书文献配备能满足国防工匠人才培养、专业建设、教科研等工作的需要。建立完善的数字化教学资源库。

3. 数字教学资源配置基本要求

建设数字化教学案例库、数字教材等数字领域教育资源，种类丰富、形式多样、使用便捷、动态更新,能满足教学要求。

(四)质量管理

1. 学校和国防教育学院应建立专业建设和教学质量诊断与改进机制,健全专业教学质量监控管理制度,完善课堂教学、教学评价、实习实训、毕业设计以及专业调研、人才培养方案更新、资源建设等方面质量标准建设,通过定期对专业及学生表现进行审查考核,提交数字职业认证标准的教学审查报告,构建符合数字工匠职业认证标准的动态监测体系。

2. 学校和国防教育学院应完善教学管理机制,加强日常教学组织运行与管理,定期开展课程建设水平和教学质量诊断与改进,建立健全的数字化评教、评学等制度,建立与企业联动的实践教学环节督导制度,严明教学纪律,强化教学组织功能,定期开展公开课、示范课等教研活动。

3. 学校应建立毕业生数字化跟踪反馈机制及社会评价机制,并对生源情况、在校生学业水平、毕业生就业情况等进行分析,定期评价人才培养质量和培养目标达成情况。

4. 专业教研组织应充分利用数字化评价方式有效改进教学,持续提高数字人才培养质量。

后 记

  首先，感谢每一位对《数字工匠标准研究报告》感兴趣的读者。这份报告旨在通过深度研究数字经济的发展趋势，探讨数字工匠的内涵、标准构建理念与原则，分析标准体系的特色以及高职院校数字工匠标准的实施路径。我们希望这份报告能为数字工匠培训和选拔提供参考，促进数字经济产业的健康发展，同时为政府、企业、教育及研究机构在数字工匠培养和使用方面提供决策依据。

  在完成这份《数字工匠标准研究报告》的过程中，我们首先查阅了大量相关文献、报告、学术期刊和行业资讯，分析已有的数字工匠标准与培养模式，了解国内外相关研究和实践成果，从而全面了解数字工匠标准的国际发展趋势和国内现状，为研究提供理论基础和先行者的经验成果。然后我们走访了许多企业和学校机构，进行了大量的调研和访谈，通过与企业内部的数字化转型负责人、从业人员以及相关专家学者的交流，收集数字工匠标准在实际领域的应用情况和相关实践经验，以深刻了解数字工匠在企业数字化转型中的重要性以及他们所需具备的核心能力和素质。通过问卷调查、实地观察、专家访谈等方式收集数据，以实证研究的手段支持数字工匠标准的制定与完善，以期在实践中得到验证。

  在撰写报告的过程中，我们也遇到了许多困难和挑战。一是，我们发现对高校的实地调研受到一些限制，只能在部分高校进行实地观察和访谈，而无法全面了解各个高校的情况。二是数字工匠标准在不同的行业背景下有着不同的需求，如何统一标准、满足不同行业的需求是一个难题。三是高校数字工匠培养计划和实践可能受到各种挑战和变化的影响，需要不断跟踪调研，以获得最新的情况。同时，在制定评价体系和选拔标准时，也面临着很多复杂性和主观性问题。然而，得益于专家和相关领域的同行们的支持与帮助，我们最终完成了这份报告。特别要感谢参与调研的企业、专家和院校，正是他们的积极配合和经验分享让我们能够获得真实而有效的调研数据。

我们深信，数字工匠标准的研究对企业数字化转型具有重要意义。数字化转型已成为企业发展的必然趋势，而数字工匠将成为推动数字化转型的关键力量。高职院校在培养数字工匠时，不仅需要关注现有的技能需求，还需要前瞻性地考虑未来的发展趋势，以培养出能够适应未来需求的数字工匠。

最后，我们要感谢所有参与调研的企业和专家，以及支持我们研究的各方。感谢团队成员朱亮、秦涛、王永斌、张丽珺、鲁军、任其华、杨年、周利梅、朱真兵、马亚亚、黄媛玲、舒展、刘圆、刘琴的辛勤付出和合作。我们将继续关注数字工匠培养和发展的话题，并为推动数字经济的健康发展继续努力。